DEJAR DE FUMAR ES FACILÍSIMO

Maribel Gómez

DEJAR DE FUMAR ES FACILÍSIMO

con PNL y el Método del Conteo

de Maribel Gómez

URANO

Argentina – Chile – Colombia – España

Estados Unidos – México – Perú – Uruguay – Venezuela

1.ª edición: enero 2017

El objetivo de esta publicación es proporcionar información y ejemplos generales para ayudar a los lectores en la búsqueda del bienestar emocional y físico. En el caso de utilizar los lectores cualquier información de este libro, será única y exclusivamente bajo su responsabilidad y la de los médicos que los acompañen y, ni la autora ni los editores se responsabilizan de esas acciones.

Copyright © 2016 by María Isabel Gómez Peña Alfaro
© 2016 *by* Ediciones Urano, S.A.U.
Aribau, 142, pral. – 08036 Barcelona
Ediciones Urano México, S.A. de C. V.
Ave. Insurgentes Sur 1722, 3er piso. Col. Florida.
Ciudad de México, 01030. México.
www.edicionesuranomexico.com

ISBN: 978-607-748-085-3

Fotocomposición: Ediciones Urano, S.A.U.

Impreso por: Metrocolor de México, S.A de C.V.
C.P. Rafael Sesma Huerta 17, Parque Industrial
FINSA. El Marqués, Querétaro, Qro., 76246.

Impreso en México – *Printed in Mexico*

Este libro está dedicado a un angelito que es la luz de mi vida,a mi hijo Santiago (Q.E.P.D.)

Agradezco a mi amiga, Rosario Alcocer (Charo),
quien siempre me motivó para que escribiera este libro.

Índice

Introducción

¡El león no es como lo pintan!

Fumadores, exfumadores y no fumadores, todos, señalan que dejar de fumar es un proceso sumamente difícil, pero no imposible; que quienes lo intentan, requieren aplicar enormemente la fuerza de voluntad.

Desde esa perspectiva, el fumador instala una barrera mental que le imposibilita que su proceso de dejar de fumar sea sencillo.

Desgraciadamente quienes aguantaron, resistieron y sufrieron para dejar de fumar, tienen gran tendencia a recaer. Debemos tener cuidado con lo que pensamos, porque ¡nuestras peticiones serán manifestadas!

Que resulte difícil dejar de fumar es solo un mito que asusta al fumador para no tomar la decisión de darle un gancho al hígado al tabaco y lo imposibilita, en muchos de los casos, a salir de la adicción a la nicotina y liberarse de su prisión.

Si crees que es difícil dejar de fumar, estás en lo correcto; si piensas que es fácil, estás es lo correcto también, porque todo se dará de acuerdo a la programación cerebral de cada fumador. Por tal razón, te encontrarás con comentarios de exfumadores quienes resaltan lo fácil que les resultó dejar de fumar y para otros lo extremadamente difícil que fue.

Dejar de fumar es facilísimo y sencillísimo. Únicamente necesitas convencerte y tomar la decisión para iniciar ese placentero y agradable aprendizaje.

«Solo necesitas experimentarlo para saber cuán fácil es».

El poder de cambiar tu vida está en tus manos

El hombre es producto de sus pensamientos, se convierte en lo que piensa.

Mahatma Gandhi

Si cambias tu programación cerebral, transformarás tus pensamientos. Donde todos vean negro, tú verás luz. Donde todos vean problemas, tú verás oportunidades. Donde los demás lloren, tú te estarás preparando para el éxito. Todo es cuestión de cambiar el chip de tu cabeza.

Tu mente tiene el poder de darte nuevas alternativas y horizontes, aun en las peores situaciones.

¡Nunca subestimes el poder de tu mente!

¡Nunca pierdas una batalla sin antes haber dado tu máximo esfuerzo!

¡Nunca te rindas, aunque todo parezca perdido!

Tu arma más poderosa, para tener éxito en la vida, es la habilidad para controlar tus pensamientos. Un solo pensamiento puede ser la diferencia entre fracasar o tener éxito. Muchas personas jamás intentaron nada porque su vida estuvo regida por la idea de «es imposible», suficiente para que infinidad de ellas renunciaran a sus sueños y proyectos. Estos pensamientos negativos existen en un sinfín de estructuras mentales que provocan que estén inmersos en una vida llena de estrés, inseguridad, miedos y fracasos.

De la misma forma en la que una sola idea puede provocar que nunca te atrevas a realizar grandes proyectos, pensando que son imposibles de lograr, también existen ideas que pueden cambiar tu existencia para bien. Si educamos a nuestra mente, podemos llegar más lejos de lo que nunca imaginamos, dándonos la oportunidad de conocer otras formas de pensar. Te sorprenderás cuando veas que, al modificar algunas ideas y al aprender ciertas estrategias mentales, podrás cambiar totalmente tu vida.

Tu mente tiene guardadas innumerables sorpresas, sin embargo, estamos tan ocupados quejándonos de todo lo que sucede a nuestro alrededor, que dejamos de lado la búsqueda por desarrollar nuestras habilidades mentales, emocionales y espirituales.

Empieza por pensar que el mundo es una fuente de aprendizaje, en lugar de verlo como una fuente de problemas y sufrimientos.

Deja de esperar a que el mundo cambie, y atrévete a desarrollar todo el potencial de tu ser, descubriendo los inagotables tesoros que hay en ti.

La Programación Neurolingüística (PNL) te enseña a programar tu mente para superar las adversidades. Esto es posible gracias a que te permite descubrir nuevas formas de razonar, visualizar, respirar, recordar, hablar y comunicar. Piensa de manera positiva y las cosas saldrán de esa forma.

Dejar de fumar es un acontecimiento tan importante en nuestras vidas como un renacer, un aniversario o el cumpleaños de una nueva vida que siempre estaremos festejando, iniciando por contar los días, luego los meses y finalmente los años que llevamos sin fumar.

Dejar de fumar es un parteaguas para todos los que fuimos fumadores y sufrimos ese calvario de querer dejarlo y no poder hacerlo.

Dejar de fumar no es solamente un cambio físico, implica adquirir una nueva óptica en la forma de concebir la vida.

Antes de iniciar esta travesía, solo me resta felicitarte. Si tienes este libro en tus manos es porque has decidido dejar de fumar y sin duda acabas de tomar una de las mejores decisiones de tu vida.

Recomendaciones

La mayor parte de los fracasos vienen por querer adelantar la hora del éxito, por lo mismo, no te precipites en dejar de fumar, sé que estás ansioso por terminar con tu agonía, pero tómate tu tiempo, fuma a tu ritmo mientras tienes este libro en tus manos. Cuando se te indique, prepárate mentalmente para ese momento tan especial que será fumar tu último cigarro.

Te recomiendo leer este libro en un periodo que no pase de un mes, sin prisa, pero sin pausa y, si es necesario, releerlo cuantas veces sean necesarias antes de fumar tu último cigarro. Compréndelo perfectamente y que no te quede la más mínima duda antes de apagar ese cigarrillo para siempre.

En caso de padecer algún trastorno psicótico como TAG (Trastorno de Ansiedad Generalizada), TOC (Trastorno Obsesivo Compulsivo), depresión grave, ataques de pánico, agorafobia, bipolaridad o esquizofrenia, por nombrar algunos, es primordial no suspender los medicamentos prescritos por el psiquiatra o médico especialista, así lograremos que el proceso de dejar de fumar sea un verdadero éxito rotundo.

Para entender los motivos de tu adicción, es importante saber que el ser humano por naturaleza tiende a las adicciones, ya sea al uso excesivo de tabaco, alcohol, drogas ilegales, comer en exceso, apegos a personas (codependencia), sexo inmoderado y desmedido, ludopatía, etcétera, debido a una lucha interna por cubrir y llenar vacíos existentes, asociada a la necesidad de sentir un apoyo que por esencia se busca. Esto, aunado también, a que todo lo que crea placer en el ser humano se puede volver adictivo simplemente por el gusto de seguir experimentando sensaciones de placer y todo aquello que nos motiva a estar en un estado de supuesta felicidad, euforia, sentimiento de calma, tranquilidad y bienestar.

Sin duda, tales sensaciones las proveen los efectos de distintas drogas; tan dañino puede ser el tabaquismo como el alcoholismo o el sobrepeso. En todas, la dependencia, la causa y origen son los mismos.

Suele ser común que el consumo de sustancias tóxicas o drogas se utilice para suplir o maquillar el real y verdadero problema que afecta a nuestra naturaleza emocional. Es querer cubrir, ocultar y esconder vacíos y carencias existenciales con el consumo y el efecto de una droga determinada para escapar de la realidad que nos acoge.

Se debe aprender a cambiar defectos de carácter y carencias, enfrentando los problemas sin huir de ellos y sin esquivar las responsabilidades, para no terminar en el refugio del consumo de drogas. Al atacar y hacernos cargo de las causas y concientizarnos de porqué consumimos drogas, las consecuencias se podrán controlar y luego eliminar, desapareciendo apegos y por ende las adicciones.

Instinto

Somos aquello en lo que creemos.

WAYNE W. DYER

Como dije anteriormente, el ser humano tiende a las adicciones porque busca el placer y su apoyo para llenar huecos existenciales.

Por naturaleza posee un instinto, es decir, inicia el gusto y placer para alimentarse; en el caso de comer, para no morir y a tener actividad sexual, en el caso de reproducción, para preservar la raza humana.

La actividad necesaria y controlada es recomendable para subsistir y reproducirse, pero en exceso se convierte en adicción.

En el caso de la comida, al probar un alimento de nuestro agrado, se activan las papilas gustativas que incitan a consumir más del alimento, con la finalidad de no morir y continuar con vida. Si no se activaran dichas papilas, no se encontraría gusto y placer en la comida. Subsistir sería un verdadero castigo. Sería algo parecido a comer siempre el alimento que te desagrada. Alimentarse se volvería un verdadero calvario. De igual manera podría suceder con la actividad sexual. Si no existiera el placer, reproducirse sería tal vez un sacrificio, pero gracias a que se activa el deseo, reproducirse resulta un deleite.

El instinto es innato. El bebé, de apenas unos meses, cuando comienza a probar las papillas que le prepara mamá, sin tener conocimiento de lo que come, reflejará si fue de su agrado o no con su actitud. Si lo fue, su instinto lo llevará a comer y querer más, a impacientarse si no se le proporciona la siguiente cucharada. Ese sistema se acciona cuando el mecanismo llamado hambre activa la alarma y se cierra cuando se satisfizo.

La «puerta falsa» es la salida más fácil que el adicto encuentra para cubrir sus carencias, pero la manera correcta de cubrir esos huecos y encontrar los apoyos necesarios para seguir en nuestro diario andar, está dentro de nosotros mismos, dentro de nuestros propios pensamientos y de nuestras propias creencias, en nuestro «**yo** interior».

El cigarro y los aspectos sociales

Nacer, vivir y morir son aprendizajes del ser humano. Iniciamos nuestra carrera de crecimiento al llegar al jardín de niños y comenzamos a desafiar adversidades enfrentándonos a la vida, aprendiendo a defendernos de quienes nos provocan y ahí comenzamos a conocer el estrés, la angustia, la frustración, la impotencia, el coraje y el enojo. Sin embargo, aun cuando presentamos estos tipos de emociones negativas, las podemos enfrentar con nuestra propia fortaleza, sin la necesidad de fumar y apoyarnos en un cigarro.

¿Por qué entonces ya de adultos necesitamos de un cigarro para enfrentar el estrés y las contrariedades cotidianas? Porque podemos hacerlo, y porque cuando fuimos niños, no conocíamos el tabaquismo, ni sus efectos; éramos libres y no estábamos predispuestos a encender un cigarro en momentos de furia, en momentos malos, incluso en situaciones buenas y de festejo.

Es en la adolescencia cuando la mayoría de los fumadores nos enganchamos y quedamos atrapados en el cigarro. Lo iniciamos como un juego dando pequeñas fumaditas, encendiendo los cigarros de nuestros amigos y, de repente, cuando menos lo esperamos, nos vemos envueltos en la adicción a la nicotina, iniciando así la compra de nuestro veneno, pagando por morir en muchas de las ocasiones.

Nos enganchamos por cuestiones totalmente tontas y absurdas, tal vez por querer pertenecer a un grupo de amigos donde el único requisito para formar parte de él, era tener que ser fumador, porque en caso contrario, desentonábamos ante los demás y con el afán de ser aceptados y no quedar fuera del círculo de amigos, o ser rechazados por ellos, encendíamos un cigarro, iniciando así nuestra adicción para empezar a vivir en el mundo del tabaquismo, en el universo de las drogas, hundidos en nuestra propia prisión.

También era muy común que iniciáramos nuestra vida de fumadores al querer sentirnos mayores, tratando de demostrar al mundo que éramos personas con criterio o bien por tratar de gustarle a algún chico o chica de la escuela. Las mujeres nos sentíamos más sensuales y los hombres más varoniles. Entonces tomábamos la decisión de aprender el proceso de atragantarnos con el humo, llamado comúnmente «dar el golpe», ejercitándonos para no toser al aspirarlo, además de aguantar las náuseas y los mareos que provocaba este proceso de aprendizaje. Con esa actitud, demostrábamos nuestro carácter endeble, nuestra inmadurez, pues con el simple fin de agradar a otros y ser aceptados en un grupo determinado, aprendimos el nefasto proceso de fumar y, sin saber, iniciábamos nuestro viaje en el mundo de las drogas y de la adicción a la nicotina.

Un futuro indudablemente terrible el que nos esperaba: engancharnos al cigarro, ser prisioneros en la cárcel de nuestro peor compañero de vida, atrapados en una trampa sin salida, ante un pozo sin fondo del que muchos, desgraciadamente, no logran salir.

El cigarro nunca ha sido de gran ayuda, el único beneficio y ventaja, si se le puede llamar de esa manera, ha sido nuestra aceptación social en círculos de amigos.

Hasta el inicio de los 90 fumar era una moda, representaba glamour. Podíamos fumar en cualquier lugar sin limitaciones, incluso en casas de amistades y conocidos solíamos ver ceniceros de cristal cortado colocados en las salas, el comedor o en las recámaras.

En la actualidad, la ley antitabaco impide que los adictos a la nicotina fumen en cualquier lugar o en espacios cerrados. Hoy en día se percibe al fumador como una persona apestada, maloliente que solo echa el molesto humo. Nadie desea ya estar cerca de un fumador.

El fumador se enganchó al cigarro a temprana edad porque alguien le mencionó que fumar era delicioso o estuvo influenciado por la publicidad que se exponía en los medios de comunicación. Sin embargo, muchos jóvenes en la actualidad insisten todavía en consumir tabaco, no porque les resulte agradable, sino porque les ayuda a construir una imagen madura y atractiva de sí mismos frente a los demás, la cual es reforzada por los mensajes de amigos fumadores.

Publicidad y tabaco

Todas las cosas se crean dos veces: primero hay una creación mental y luego una creación física.

STEPHEN COVEY

Somos producto de una sociedad, así como de los medios de comunicación y la publicidad.

Durante años hemos sido engañados con mensajes y spots sugestivos y persuasivos para convertirnos en consumidores potenciales, y el tabaquismo no ha sido la excepción.

La publicidad de antaño, junto con los medios de comunicación, fue determinante para fomentar nuestra adicción a la nicotina. Publicitar cigarros nos daba acceso inmediato a ellos. Comprarlos era un acto común, como comprar dulces y caramelos, cuando en realidad lo que comprábamos era droga. Comprábamos nuestra prisión, nuestra adicción física y mental, nuestra agonía y, para muchos, la muerte.

Casi ningún fumador comienza a fumar de adulto. Las estadísticas demuestran que aproximadamente 9 de cada 10 fumadores comenzaron a hacerlo antes de los 18 años de edad.

La mayoría de los adultos que se iniciaron en el hábito en su adolescencia, jamás pensaron que se volverían adictos. Esto se debe a que, en aquella época, fumar estaba bien visto, no se imaginaban los daños que causaba el tabaco, pensaban que el hábito de fumar era glamoroso, impactante y fascinante.

Las propagandas de tabaco en la década de los 40 llegaban a mostrar a médicos recomendando el cigarrillo como una forma de relajarse y bajar de peso.

Todos los cigarros son igual de dañinos, aunque el color de la cajetilla, empaque, envoltura, paquete y etiquetas sean distintos, son solamente estrategias de mercado y publicidad de las compañías tabacaleras.

La publicidad se utilizó como una herramienta con propósitos comerciales cuya finalidad era promover y fomentar la venta de cigarros, convenciendo al consumidor potencial de las bondades del cigarrillo, haciéndole creer que compraba valores, ilusiones, belleza, juventud, aventuras, valentía, diversión, confianza, seguridad, libertad, placer y apoyo. El objetivo primordial fue mover sentimientos, emociones y valores, destacando las virtudes y supuestos beneficios del producto.

Según la publicidad, fumar ayudaba a tomar el control de nuestras vidas, nos relajaba y nos hacía parecer más atractivos para el sexo opuesto, cuando la realidad es que el tabaco mata a uno de cada cuatro fumadores y deja a muchos otros incapacitados, padeciendo enfermedades respiratorias o cargando un tanque de oxígeno toda su vida, pues la nicotina y el alquitrán son venenos que van matando lentamente.

La nicotina provoca que el corazón lata más rápidamente favoreciendo que los vasos sanguíneos se dilaten y provocando enfermedades del corazón a la larga.

El alquitrán puede causar cáncer, por lo general de pulmón. Es causante también de la llamada «tos del fumador». El alquitrán del cigarro se adhiere al interior de los pulmones atrapando suciedades y bacterias. Los pulmones comienzan a irritarse e inflamarse, quedando dañados y por lo tanto el fumador puede contraer pulmonía y bronquitis con más facilidad.

El engaño y la confusión inducían a las personas a apoyar la idea de que el consumo de tabaco era un comportamiento normal, sin importar las enfermedades graves y dolorosas que podía y puede producir fumar.

La publicidad no debe ser engañosa. Su finalidad debe ser aportar beneficios a la sociedad, ser provechosa, de manera que nos permita conocer las bondades y características reales del producto o servicio para que el consumidor pueda hacer una efectiva y correcta selección y no una publicidad engañosa como sucedió con las campañas publicitarias del tabaco hace unas décadas.

Un ejemplo: en sus estrategias de campaña aplicaban conceptos como relajación, calma y placer, cuando en realidad la nicotina solo calma la ansiedad que provoca la misma droga. El alcohólico calma su ansiedad con otra copa. El fumador calma su ansiedad con otro cigarro. El heroinómano calma su ansiedad con otro pinchazo. La nicotina no tiene las bondades de relajación como sucedería con una infusión de valeriana o de tila. El fumador siente placer, no porque el cigarro tenga un estupendo sabor, sino porque la nicotina tiene la facultad de favorecer la liberación de dopamina, que es el neurotransmisor encargado de mandar las señales de gusto y placer a nuestro cerebro.

Un claro ejemplo de la función de la dopamina se ve reflejado en la reacción que tenemos cuando disfrutamos de un apetitoso platillo. Decir o pensar «mmm, qué rico», es la dopamina manifestándose. Por eso los publicistas erróneamente utilizaban el concepto «placer» para publicitar marcas de cigarros, cuando en realidad el sabor del cigarro no es agradable. Por ese motivo es que también conocemos a muchos no fumadores que no se engancharon a la nicotina, porque cuando la probaron simplemente no les gustó.

Los anuncios publicitarios de cigarros, antaño, lo único que transmitían era un lavado de imagen, un modo indirecto de publicidad subliminal, porque la industria tabacalera sabía que a los jóvenes les llamaba la atención y los tentaba lo prohibido.

La publicidad del tabaco era tramposa porque buscaba promover valores superfluos como ser más popular, tener un carro deportivo o alternar con hermosas modelos, trampas de la mercadotecnia en las que, desafortunadamente, las personas caían una y otra vez.

Las tabacaleras trataban principalmente de inducir a los jóvenes a fumar, pues eran estos quienes sustituirían a los fumadores adultos, quienes tratan de abandonar la adicción a la nicotina y los que tristemente irán falleciendo prematuramente a consecuencia del tabaquismo.

Es decir, los intereses de las tabacaleras seguirán siendo fomentar la comercialización de cigarros a fin de no ir a la baja en sus ventas, a pesar de que ocasionan la muerte de fumadores, cada año.

La mayoría de las personas que asisten a los talleres para dejar de fumar, que yo imparto, rondan entre los 30 y los 60 años. Es muy raro que un adolescente se cuestione siquiera intentar dejar de fumar. Piensa que es muy joven, que no le causará daños severos, que no tiene realmente una adicción y que lo puede dejar en cualquier momento. Un adolescente se está iniciando en la diversión, en los antros, el alcohol, las fiestas, y el mejor acompañante es un cigarro. Un adulto, en cambio, ya siente estragos por tantos años fumando.

Yo me propuse, por primera vez, dejar de fumar a los 28 años, pero desistí porque justo en esos tiempos yo solía salir frecuentemente. Pensaba que ya habría suficiente tiempo para dejarlo después de unos años y que, por el momento, había que disfrutar.

Retomando lo que decía antes, las agencias publicitarias, con la finalidad de vender cigarros, hacían uso de la publicidad directa o subliminal. La subliminal se constituía de imágenes y símbolos ocultos que llegaban al cerebro de forma inadvertida y, de forma perversa, buscaba vender las cajetillas de cigarros con estrategias dirigidas fundamentalmente a los jóvenes, aprovechándose de estos, ya que sabía perfectamente que para caer en las redes de la nicotina se requería precisamente de un cerebro inmaduro.

Desgraciadamente la publicidad subliminal es y ha sido la más difícil de detectar, ya que recurre a técnicas de estimulación de los sentidos que pasan desapercibidas de manera consciente, pero no para el cerebro, de tal forma que actúa sobre el público y provoca el empleo de un determinado producto, sin que los consumidores sean conscientes de sus efectos.

Obviamente los slogans, logotipos e imágenes están incluidos, pero eso ya sería parte de otro análisis más profundo.

La publicidad subliminal, no solamente es la más engañosa, sino la más efectiva, así como la más agresiva, porque es capaz de manipular las conductas de las personas, sin que sean conscientes de qué, cuándo o cómo lo han hecho. Los estímulos subliminales son reproducidos de manera semioculta, a fin de no ser captados de manera consciente.

La publicidad de cigarros, enfocada a los jóvenes principalmente, era maligna y sucia, porque buscaba vender productos que causaban adicción y afectaban a la salud, buscando el lucro a cualquier costo.

Paradójicamente, muchos eventos deportivos fueron patrocinados por empresas tabacaleras, permitiendo la combinación publicitaria deporte-cigarro, cuando en realidad lo que ocasiona el tabaquismo son enfermedades graves y no una vida sana, como sería practicar alguna actividad deportiva.

Una de las medidas aplicadas en México para combatir el taba-quismo, fue aumentar los impuestos y por consiguiente el precio de las cajetillas de cigarros, pero las tabacaleras y la Secretaría de Hacienda, en lugar de perder dinero aumentaron sus ganancias, obteniendo mayores dividendos y teniendo cautivos a sus clientes. Esto basado en que el consumo de nicotina es una adicción que se determina por la búsqueda constante y compulsiva de la droga, lo que provoca que el fumador, a pesar del costo, continúe pagándolo, con el fin de aquietar las molestias que le provoca la falta de nicotina.

El adicto pagará el alza de precio, partiendo de que tiene una adicción y esa necesidad es su prioridad. Así que la trampa y el engaño fueron para los fumadores y, los millones de dólares, para las tabacaleras y para el erario público.

Los intereses comerciales llevaron a las personas a ser consumidores potenciales del tabaco (a través de una droga) y no a través de una opción de compra; es decir, tengo la opción de comprar pan o no, pero con el cigarro es: o compras o compras.

Asimismo, los publicistas que conocían perfectamente bien el poder de la persuasión y de la sugestión, llevaron a gran porcentaje de los jóvenes y adultos a la adicción de la nicotina a través de engaños mediante constantes lavados de cerebro y mensajes subliminales, convirtiéndolos en fumadores títere de la publicidad, creándoles una necesidad a través del uso de una droga.

También existía la publicidad indirecta a través del cine y la televisión, cuando personajes famosos aparecían fumando en algunas escenas.

La primera gran campaña de publicidad del tabaco fue efectuada a principios del siglo pasado por la marca Lucky Strike para conseguir que las mujeres fumasen.

El genio de tal campaña fue uno de los padres de la publicidad moderna, Albert Lasker, quien, consciente de lo que había contribuido a desatar, al final de su vida donó su cuantiosa fortuna para crear una fundación dedicada al estudio del cáncer, que otorga anualmente el Premio Lasker, considerado el Nobel de investigación sobre cáncer.

Hoy en día, con las nuevas disposiciones gubernamentales, queda prohibido mostrar en los medios de comunicación toda clase de publicidad de cigarrillos, pero aun con todas estas normas, los jóvenes continúan enganchándose, ya que existe una publicidad que no se puede regular, incluso una de las más efectivas: la de boca en boca.

Los jóvenes continúan suponiendo que fumar relaja y tranquiliza; consideran al cigarro la combinación perfecta, junto con el alcohol, para pasarla bien en momentos de fiesta y placer, porque, aunque ya no existe publicidad de cigarros, continúan asumiendo que su hábito es una acción normal y no que representa la compra de una droga.

Por otro lado, las campañas antitabaco no son efectivas, las estadísticas lo demuestran. Si realmente funcionaran, el índice de tabaquismo se reduciría en gran medida y sucede justo lo inverso.

Según datos de la OMS el tabaco mata a casi 6 millones de personas al año, de las cuales, más de 5 millones son consumidores directos y más de 600 mil son no fumadores expuestos al humo ajeno.

Expertos han descubierto que los anuncios publicitarios que fueron creados para disuadir a los fumadores, de fumar tantos cigarrillos, no logran este objetivo. Muchos fumadores al ver esta publicidad se sienten enojados y toman una posición a la defensiva, los mensajes en contra de fumar son tomados como un ataque directo hacia ellos y su autoestima, y no como una advertencia y preocupación hacia su salud.

Los descubrimientos publicados en *Social Science & Medicine* dan cuenta de que los estereotipos creados en estas publicidades se estigmatizan y crean efectos negativos en el comportamiento de los fumadores. Cuando sucede esto, se incrementa el número de personas que quiere dejar de fumar, y al mismo tiempo se aumenta el estrés de los fumadores, generando así una resistencia a dejar de fumar.

El estigma que viven los fumadores ocasiona una serie de resultados que incluyen resistencia a dejar de fumar, autoaislamiento social y niveles elevados de estrés.

Investigadores de Estados Unidos, Reino Unido, Brasil y Alemania revisaron unos 600 artículos donde pudieron observar esta estigmatización de fumar que vemos día a día en las cajetillas de cigarrillos. Si bien atemorizar a los fumadores funciona para que algunos dejen los cigarrillos, los investigadores dan cuenta de que sería mucho mejor enfocarse en lo positivo de dejar de fumar y no en lo malo, que es no dejarlo.

Si en la publicidad se refuerzan los beneficios de vivir una vida sana sin fumar, las personas que día a día se ven etiquetadas o señaladas por fumar dejarían de hacerlo por su propia salud y no se verían estresadas por la mala imagen que la sociedad les da, además que se darían cuenta de que dejar de fumar es beneficioso para ellos.

En mi caso, ver publicidad antitabaco, que demostraba las desventajas por fumar, me estresaba y me motivaba a fumar más para aliviar la angustia que me causaba ver las imágenes.

Saber que el tabaco mata no es suficiente razón para que el fumador deje de fumar, eso de antemano observar lo sabe.

El diabético ve fotos de pies amputados y no deja de consumir azúcar. Saber que puede morir a consecuencia del consumo de azúcar, no evita que la siga ingiriendo; lo mismo pasa con el fumador porque son adicciones más psíquicas que físicas.

Lo ideal sería quitar todas esas advertencias de las cajetillas de cigarros que indican que el tabaco es el causante de cáncer en los fumadores y que contiene sustancias tóxicas como monóxido de carbono, alquitrán y otras, porque los estresa y los lleva a fumar más.

Caímos en la trampa publicitaria que nos hacía creer que comprar cigarros era igual que comprar un chicle o un dulce, porque las cajetillas, que fueron deliberadamente diseñadas a manera de llegar al inconsciente de los consumidores, estaban al alcance de todos, pero la realidad de esas cajas tan brillantemente creadas es que no son más que droga disfrazada por la publicidad y la sociedad, pues los compañeros y amigos nos hablaban maravillas del hábito de fumar. Además, vimos a nuestros padres fumar y no los considerábamos drogadictos.

Quienes deciden ser consumidores de drogas ilegales como cocaína y heroína, por nombrar algunas, son personas que de antemano han tomado la decisión de hacer uso de esas drogas. El fumador, casi en todos los casos, fue llevado a ciegas a través de una trampa publicitaria para formar parte del mundo de las drogas.

Recuerdo que cuando cumplí 13 años empecé a conocer bares y discotecas, o como ahora comúnmente los llaman «antros», y haber disfrutado enormemente el momento sin necesidad de estimulantes adictivos como la nicotina o el alcohol. ¿Por qué? Porque desconocía esas sustancias tóxicas y sus efectos. Utilizaba mi entusiasmo propio y natural para pasarla bien y disfrutar el instante.

Después de unos años, cuando conocí y me inicié en el mundo de la nicotina y el alcohol, estas sustancias tóxicas se hicieron imprescindibles para disfrutar y divertirme. ¿A qué se debió? A que alguien cambió mi creencia, yo lo acepté y lo apliqué como regla.

Los publicistas, conociendo el efecto real de la nicotina, construyeron sus estrategias publicitarias fundamentadas en conceptos como:

1. Sabor.
2. Placer.
3. Disfrute.
4. Valentía.
5. Tranquilidad.
6. Relajación.
7. Calma.
8. Apoyo.
9. Felicidad.
10. Confianza.

Conceptos aplicados en campañas publicitarias bien establecidas, a través de mensajes sugestivos y subliminales que convirtieron a los fumadores, desgraciadamente, en títeres de intereses comerciales, un total ardid publicitario.

La mejor manera para prevenir que los jóvenes se sigan enganchando al cigarrillo, es instalando una leyenda en las cajetillas de cigarros, que diga: *Esto es una droga y su uso queda bajo la responsabilidad de quien la consuma.*

¿Estarías de acuerdo en que bajarían considerablemente las ventas de las tabacaleras y no cualquiera se engancharía?

¿Si hubieras sabido que el tabaco es una droga habrías tomado la decisión de ser fumador?

Temor a dejar de fumar

Empezamos a fumar como un juego, pero al transcurrir los años, nos damos cuenta de que estamos inmersos en una tremenda adicción y no lo sabemos hasta que intentamos dejar de fumar; entonces nos percatamos de que no podemos dejar el tabaco, sobre todo si consideramos al cigarro como el perfecto acompañante para calmar el estrés y la mejor combinación para pasarla bien, junto con el alcohol y otras drogas; es entonces cuando el miedo por no poder dejar de fumar nos empieza a invadir.

El miedo es un sistema de protección que está en nuestras mentes y nos protege de algún peligro, pero el miedo excesivo, controla y paraliza nuestra acción.

Cuando distorsionamos nuestras preocupaciones y exageramos, se convierte en un trastorno el cual provoca los pánicos que evitan que realicemos nuestras responsabilidades y vida normal. Es cuando tenemos que ver el fondo y qué los provoca, ya que hay muchos factores que producen nuestras ansiedades y estos hechos son inconscientes, por eso es necesario ver cinco puntos básicos que desatan el pánico en el fumador, específicamente:

1. Vivir sin cigarros.

2. Concebir la vida sin cigarros.

3. No poder enfrentar el estrés, la ira, el coraje, las situaciones problemáticas y la vida en general sin cigarros.

4. No poder disfrutar los momentos agradables de la vida como reuniones sociales, fiestas, una copa, un café, charlar o «chismear» con un amigo sin cigarros.

5. No contar con el supuesto compañero (que en realidad no lo es), amigo, cómplice que nos relaja y nos acompaña en momentos de sumo estrés, que fomenta también el placer y entretenimiento en momentos de recreación.

En realidad, el cigarro no es el amigo fiel y el compañero comprensible que el fumador cree. Esa es la idea errónea que hemos tenido los fumadores, que es nuestro hermano del alma que está siempre disponible en cada momento de nuestras vidas, ya sean buenos o malos. Cuando en realidad es un asesino que está terminando con nosotros.

Para que el fumador logre dejar de fumar debemos ayudarlo a cambiar esas creencias incorrectas.

Considerar al cigarro como nuestro amigo es una idea que pesa y que dificulta en gran medida el abandono total de la nicotina. Por eso la importancia de desenmascarar a ese «supuesto amigo», que en realidad es una lacra que termina con la vida de la mayoría de los fumadores.

El miedo está en tu mente, esta sensación no es tangible; recuerda que detrás de ese miedo no hay nada, por eso hay que enfrentarlo. Es como una montaña, cuando la vences se ve más pequeña de lo que se percibía. Lo de afuera no tiene el poder de dañarte porque es tan solo un efecto de lo que hay en tu mente.

Este temor a dejar de fumar es lo que paraliza a los fumadores y evita que abran su mente para poder despegar con un modelo de pensamiento correcto y percibir al cigarro con otra óptica.

La mente es como un paracaídas: si no se abre no sirve; por lo mismo, el fumador no advierte que precisamente es el mismo cigarrillo el que le provoca ese miedo, y que es mucho peor en sí el sufrimiento del miedo a dejarlo, que lo que realmente es.

Como dije en la Introducción, el león no es como lo pintan; es curioso, pero el fumador tiene miedo de regresar a sus orígenes, a su propia naturaleza libre de adicciones y el mayor logro al dejar de fumar es liberarse justamente de esa sensación.

Esperar el momento perfecto suele ser una de las trampas preferidas del miedo, que impide a los fumadores iniciar una nueva vida libre de humo y nicotina. Sin embargo, cualquier momento es perfecto para dejar de fumar.

HOY es el mejor día para iniciar tu aventura y liberarte definitivamente de la esclavitud de la nicotina.

Nuestros miedos son imaginarios. Son estados mentales tales como la soledad y el aburrimiento. Son originados por la percepción que le demos a las situaciones.

Las limitaciones están basadas en el temor al cambio, por ejemplo: ¿Cómo va a ser mi vida de ahora en adelante sin mi cigarro?

De pequeños no conocíamos el miedo. Éramos capaces de someternos a cualquier riesgo, no había límites. Nuestro cerebro no alcanzaba a ver las dificultades. Después, la sociedad, nuestros padres y las enseñanzas en la escuela fueron los que, en su afán de protegernos, nos impusieron dichos límites y nos iniciamos en el conocimiento de este sentimiento.

Para dejar de fumar es necesario abrir nuestra mente

El que puede cambiar sus pensamientos
puede cambiar su destino.

STEPHEN CRANE

Quiero que adivinen el siguiente acertijo:

Robertito es hijo de Antonio. Ambos van en la carretera de Madrid a Valencia. Aclaro que Antonio es el padre biológico de Robertito, no es sacerdote, ni su padrastro. En el trayecto tienen un accidente automovilístico donde muere Antonio.

Robertito queda gravemente herido y lo trasladan al hospital más cercano en donde los médicos aseguran que solamente la Eminencia que se encuentra en Madrid lo puede salvar. Los médicos deciden llamar a la Eminencia y le piden que viaje a Valencia a ver a Robertito, ya que, de ser trasladado a Madrid, el niño podría morir en el trayecto.

La Eminencia accede y viaja a atender a Robertito. Aclaro nuevamente que Antonio murió en el accidente, no era sacerdote ni el padrastro de Robertito, era su padre biológico.

Cuando la Eminencia se acerca a atender a Robertito, los médicos le preguntan: ¿Usted cree que pueda salvar al niño? Y la Eminencia responde: ¡Por supuesto que sí, si es mi hijo!

¿Qué es la Eminencia para Robertito? Piensa un momento.

La respuesta está al revés: erdaM uS

¿A dónde quiero llegar con este acertijo? A demostrar que la mayor parte del tiempo nos enfrascamos en los mismos patrones de pensamientos y creencias, y para activar nuevos pensamientos, debemos abrir nuestra mente y ver todavía más lejos.

Si no podemos dejar de fumar, es porque seguimos emitiendo los mismos pensamientos, continuamos pensando igual, seguimos creyendo que el cigarro es un placer, que es el cómplice perfecto, que nos acompaña en los momentos difíciles y agradables de la vida, que es nuestro fiel compañero.

Si nuestra realidad sigue siendo la misma, es porque seguimos pensando lo mismo.

Para dejar el hábito, solamente necesitamos vencer miedos, abrir la mente, ser honestos con nosotros mismos, es decir, no autoengañarnos, desearlo verdaderamente y estar totalmente convencidos de dejar de fumar.

¿Por qué en algunos casos no ha llegado la convicción de dejar de fumar?

Te mostraré algunos de los motivos que pueden influir e impedir que el fumador tome la decisión de dejar de fumar:

1. Miedo a que su vida no vaya a ser igual, porque siente que no podrá disfrutar de los buenos momentos, ni tampoco podrá enfrentar los momentos problemáticos y de estrés.

2. Miedo a sufrir la abstinencia y no saber qué hacer en esos casos.

3. Miedo a no poder lograrlo.

4. Miedo a vivir un duelo por no contar con el compañero de gran parte de su vida.

5. Simplemente miedo a llegar a un mundo totalmente desconocido, cuando en realidad, estará regresando a su origen, porque nacimos sin tabaco en las manos.

¡Créeme que Dejar de Fumar es Facilísimo! Solamente hay que hacer un pequeño esfuerzo, salir de la zona de confort para entrar a la zona de aprendizaje.

Es este pequeño esfuerzo es cuando se lleva a cabo el CAMBIO. Es solamente un solo esfuerzo al presentar la primera crisis después de haber apagado tu último cigarro. Luego lo habrás dominado y será totalmente fácil. Es algo parecido a cuando entramos en un trabajo nuevo. De inicio todo resulta enormemente difícil, pero cuando le encontramos el modo, el proceso resulta ridículamente sencillo.

¿Está convencido el fumador de dejar de fumar?

Si abandonas tu apego a lo conocido, estarás entrando al campo de todas las oportunidades.

DEEPAK CHOPRA

Para dejar de fumar es preciso tener bien definido en qué proceso estamos:

1. Fumador que aún no piensa dejarlo.
2. Fumador interesado en dejarlo.
3. Fumador decidido en dejarlo.

Etapas

- *Fase de precontemplación.*

En esta primera fase el fumador no se ha planteado todavía dejar de fumar, no encuentra motivo alguno para hacerlo. Fuma y se siente bien por ello (le da confianza, le ayuda en su trabajo, etcétera) y no nota aún ninguno de los efectos negativos derivados de fumar. Estamos ante un fumador «conforme», ya que hay plena aceptación entre su actitud mental hacia el consumo de tabaco y su conducta o práctica diaria. El prototipo es el de un joven (generalmente menor de 30 años) sin enfermedad alguna asociada al tabaco. Se calcula que, en el mundo, hasta un 45% de los fumadores está en esta fase.

- *Fase de planteamiento o de contemplación.*

En esta etapa el fumador se plantea, aunque tímidamente, la posibilidad de tener que dejar de fumar porque reconoce y asume que el tabaco tiene consecuencias negativas para la salud. El proceso continúa con la aceptación, ya no solo de que debe dejar de fumar para evitar riesgos para su salud, sino también para conseguir los beneficios que de ello se derivan. El fumador, en esta transición, pasa de ser «conforme» a «disconforme», puesto que ahora existe una clara disconformidad entre la actitud ante el tabaco, que ha cambiado (se plantea dejar de fumar), y su conducta habitual, que sigue siendo la misma (sigue fumando). Hasta un 35% de fumadores, en el mundo, se halla en esta etapa.

- *Fase de preparación.*

El fumador se está preparando para dejar de hacerlo en el transcurso del mes siguiente y puede estar llevando a cabo acciones preliminares como disminuir el número de cigarrillos fumados al día o cambiar a una marca con un contenido más bajo de alquitrán o de nicotina. Encuestas de población mundial indican que solo del 20% al 30% de los fumadores se encuentran en este punto. Para ellos, los métodos conductuales para el cese del tabaquismo resultarán muy beneficiosos, y son quienes tienen más probabilidades de mostrar respuesta a las recomendaciones y a la asesoría por parte del experto en adicciones.

- *Fase de acción.*

En esta fase el fumador es un «disconforme máximo»; ya no solo se plantea dejar de fumar, sino que pasa a la acción y decide dejar de hacerlo, asumiendo lo que implica. Nos encontramos, pues, ante una persona que presenta, además del cambio de actitud, un cambio en la conducta frente al consumo de tabaco (deja de fumar). Generalmente, en este periodo, se producen varios intentos de lograr el abandono.

Definitivamente dejar de fumar es parecido a cuando te metes en una ducha fría de sopetón y ya estás libre. Si lo piensas mucho, no lo haces, no lo dejas. En mi experiencia, nadie se ha arrepentido por haberlo dejado.

Es importante que sea el adicto a la nicotina el que busque la ayuda profesional; ese paso es clave primordial para su rehabilitación. Tan solo necesita creer que puede dejarlo.

Para que el proceso de dejar de fumar sea todo un éxito, es importante que respondas los siguientes puntos:

1. ¿Cuántos cigarros fumas diariamente?

2. ¿Qué tipo de fumador eres?
   - Ocasional: de 1 a 10 cigarrillos diarios.
   - Empedernido: de 20 a 40 cigarrillos diarios.
   - Compulsivo: de 41 en adelante.

Este conteo es un aproximado. De 11 a 13 cigarros todavía pudiera entrar en el rango de fumador ligero u ocasional. De 14 a 19 ya se le puede considerar un fumador empedernido.

Generalmente, los fumadores clasifican su consumo en cajetillas diarias, más que en cigarros diarios, o sea que 10, 20, 40 o 60 cigarros significan media cajetilla, 1 cajetilla, 2 cajetillas o 3 caje-tillas. Es muy raro que un fumador solamente consuma 16 o 28 cigarros diarios, es decir, que no se termine la caja, normalmente sí se la termina.

Simplemente es un aproximado para que evalúes qué tipo de fumador eres.

3. Si estás considerando seriamente dejar de fumar, ¿en cuánto tiempo piensas hacerlo?
   - Inmediatamente.
   - En 30 días.
   - En 6 meses.
   - En 1 año.
   - No quiero dejar de fumar.

4. En una escala del 1 al 10, ¿cuánto deseas dejar de fumar?
   - 1 - Nada.
   - 5 - No sé, lo estoy pensando.
   - 10 - Muy convencido y decidido.

Si contestaste que tienes seriamente pensado dejar de fumar inmediatamente o en un plazo de 30 días y tu deseo se encuentra en una escala del 5 al 10, entonces fija una fecha, comprométete contigo mismo. Mentaliza que el proceso será fácil, no pongas re-sistencia. Es importante pensar que estarás recibiendo grandes be-neficios, en lugar de que tendrás que aguantar las ganas de fumar.

Aunque se supone que para acabar con la adicción a la nicoti-na, lo primero es querer dejar de fumar, en mi experiencia profe-sional impartiendo talleres, he confirmado que han dejado de fu-mar personas que no habían pensado hacerlo y en el transcurso de haber recibido ayuda y participación profesional por diferentes temas, se dieron cuenta de cómo se estaban perjudicando y de que aquel hábito que adquirieron en su juventud ya no era necesario en su etapa adulta, porque la razón originaria de haberse enganchado en su adolescencia, había desaparecido hacía mucho tiempo.

Pensar que, para lograr dejar de fumar, el adicto debe aguantar, resistir y echarle mucha fuerza de voluntad, solamente hará que el fumador se deprima, se frustre y se angustie, aunado a un vacío de pensar que la vida no tiene sentido sin fumar. Por esta razón es que la mayoría de los fumadores van posponiendo su propósito de abandonar el hábito y optan dejarlo para otro día.

Cabe aclarar algunos mitos con relación a los fumadores, tanto empedernidos como ocasionales. El fumador empedernido no tiene absolutamente nada que envidiarle al fumador ocasional. No significa que este pueda controlar el consumo de cigarros durante el día y el empedernido no lo pueda dominar. Todo se basa en la resistencia que se tenga a la nicotina.

Una persona debe considerarse fumadora desde el primer cigarrillo. Dejar de fumar para estas personas de consumo ocasional puede ser tan difícil como para los más empedernidos, porque se han acostumbrado a una dosis, aunque sea baja.

El ocasional, al cabo de 10 cigarrillos siente asco, náuseas, ya no apetece el cigarro; es esa sensación de cuando nos excedemos fumando durante una noche de fiesta. Quiere decir que su organismo no tiene tanta resistencia o tolerancia a la nicotina. En cambio, el empedernido, lo primero que realiza al levantarse en la mañana y antes de dormir es encender un cigarro. Su organismo tiene más resistencia a la nicotina y por esta razón fuma más.

Afortunadamente con PNL pueden dejar de fumar, tanto los empedernidos como los ocasionales.

Un comparativo con esto son las personas intolerantes al azúcar, que alguno de nosotros hemos conocido alguna vez. Como su resistencia al azúcar es muy baja se empalagan inmediatamente, igualmente sucede con el alcohol.

Todos conocemos personas cuyo organismo resiste suficientemente al alcohol y pueden pasar toda una noche ingiriéndolo sin sentir repulsión o asco. Hay quienes solamente toleran tres copas máximo y gracias a eso se libraron de padecer problemas de alcoholismo.

Volviendo al cigarro, la buena nueva es que, siendo alegres exfumadores, no sólo gozarán más de la vida, sino que recuperarán la salud, tendrán mejor calidad de vida, libertad, energía, concentración, y como ventaja extra todo el ahorro de los cigarrillos no comprados, porque de menos un fumador que fuma una cajetilla diaria (20 cigarrillos), está pagando al año 1 200 dólares (unos 24 mil pesos); pero lo más importante: no pasará la vida extrañando el cigarro.

¿Qué es Programación Neurolingüística (PNL)?

La Programación Neurolingüística (PNL) estudia con profundidad el modo en el que funciona el cerebro, es decir, la manera en como pensamos, así como el modo en el que construimos las emociones y cómo nos afectan física y mentalmente. PNL son modelos de pensamientos.

La PNL surgió del trabajo en conjunto de sus fundadores, John Grinder (lingüista), nacido el 10 de enero de 1940 y Richard Bandler (matemático y terapeuta Gestalt), nacido el 24 de febrero de 1950. Su propósito era la identificación de modelos explícitos de excelencia humana, por lo mismo, implementaron este modelo a partir de la investigación de los patrones operativos de tres de los más grandes terapeutas de esa época: Virginia Satir, reconocida como la mejor terapeuta familiar de nuestros tiempos; Fritz Perls creador de la terapia Gestalt, que facilita el desarrollo integral del ser humano y por último, el Dr. Milton H. Erickson, máximo exponente de la hipnosis contemporánea. Estos expertos de la terapia moderna, tenían comportamientos en común que lograron que destacaran de manera excepcional en comparación con el resto de su generación. Grinder y Bandler lograron igualar dichos patrones en común y los ofrecieron como un modelo propio de aprendizaje.

La PNL, como ya se conoce, es una disciplina que ayuda a cambiar la experiencia subjetiva de la persona, su interpretación de la realidad y su mapa del mundo, el cual está configurado por su programación, tanto de procedencia familiar como social, ante cuyos estímulos externos no toda la gente es consciente de los recursos internos de los que dispone para no dejarse manipular por el entorno.

Nuestra programación viene dada por las palabras que configuran nuestras experiencias. Así, los que se denominan fumadores, tienen etiquetado al tabaco como placer, mientras que los no fumadores lo tienen etiquetado como veneno, vicio, adicción, droga dura, enfermedad, muerte, etcétera.

Nuestras etiquetas fueron impuestas por la publicidad. El fumador creyó los engaños publicitarios de que el cigarro relajaba, calmaba y otorgaba placer. El no fumador descubrió el engaño y la trampa comercial, y no se enganchó ante los conceptos erróneos de placer y sabor. Supo que el cigarro era veneno, que no otorgaba placer ni gusto, sino todo lo contrario. Se percató de su mal sabor y se salvó para toda su vida de la agonía de ser fumador y de ser esclavo de la nicotina.

Se trata tan solo de ser consciente de cómo tenemos etiquetados los estímulos a los que diariamente nos enfrentamos en nuestra vida. Si las etiquetas son positivas, nuestra reacción también lo será y por el contrario si no lo son, tampoco nuestra reacción lo será. La buena noticia es que a nuestro cerebro le da igual las etiquetas que le hayamos programado, simplemente obedece órdenes, las cuales, mediante la continua repetición, se convertirán en hábitos. Del mismo modo aprendimos a hablar, a andar y a comportarnos de formas determinadas en distintos contextos.

La metodología que se aplica en Dejar de Fumar es Facilísimo precisamente se deriva de la Programación Neurolingüística (PNL) junto con el Método del Conteo.

Es importante aclarar que la adicción a la nicotina es 90% mental y 10% física, por tal razón, es desde el cerebro de donde debemos empezar a dejar de fumar.

El pensamiento es la antesala de la acción, la conducta inicia desde el pensamiento. Si no cambiamos nuestra forma de pensar con respecto al cigarro, nuestra realidad continuará siendo la misma.

En PNL es importante pensar en las posibilidades más que en los obstáculos, es decir, pensar en lo que podemos hacer para lograr lo que queremos y no en las limitaciones que se nos presentan. Los objetivos deben ser enunciados de forma positiva, ya que el cerebro solo puede entender lo negativo si lo transformamos en positivo. ¿Qué quiero decir? Entre más pensemos que ya NO debemos fumar, el cerebro (del adicto) lo entenderá como una orden que le indica: «Fuma». De esta manera se estará enganchando más y, por ende, fumará con más intensidad.

Como ya se mencionó, la adicción al tabaco no es precisamente una adicción física, sino una adicción mental. Es aquella manera en cómo vemos al cigarro, es decir, el concepto y cómo percibimos al cigarro, que se define como la forma en que cientos de factores sociales y publicitarios han logrado atraparnos y convertirnos en fumadores.

Para dejar de fumar, placentera y definitivamente, debemos iniciar desde nuestro cerebro. La mejor forma para dejar el hábito es con la mente. Al fumador le resulta difícil porque, por un lado, quiere hacerlo y, por el otro, no quiere. Estrés mental: cuando fumo quisiera no hacerlo y cuando no lo hago quiero hacerlo. Se instala cierta culpabilidad en él, por un lado, un diablito que le dice «fuma» y, por el otro lado, un angelito que le dice «¿por qué lo haces, no te das cuenta de que te haces daño?».

La prohibición crea en el fumador una fuerza que sin querer lo impulsa a fumar en contra de su voluntad, como si en su interior una voz le dijera en son de reto: «¿a que no lo haces?».

Para dejar de fumar felizmente, debemos poner en orden nuestro pensamiento. Es imposible que el fumador pueda dejar de fumar cuando sus pensamientos son un corto circuito. Por un lado, no quiere perderse de su placer y apoyo y, por otro lado, detesta fumar porque sabe que se está haciendo daño. Es como querer manzanas y recibir peras.

El fumador no puede dejar de fumar cuando sus pensamientos son incongruentes. «Debo dejar de fumar porque me hace daño, pero no quiero dejar de fumar porque me gusta y me calma». El cerebro no puede cumplir ninguna orden porque, por un lado, el fumador le ordena SÍ y, por el otro lado, le dice NO. Entonces, ¿cuál cumple?

El propósito de PNL es crear en el fumador un estado de ánimo en el que, en lugar de pensar que necesita hacer un sacrificio inmenso para dejar de fumar y que debe tener una enorme fuerza de voluntad, resistir, aguantar, echarle ganas, sufrir y privarse; inicie con gran euforia, con gran alegría de pensar que está terminando con una agonía, con una enfermedad y que está liberándose.

Dependiendo de la actitud que anteponga, serán los resultados que obtenga. Solo requiere de 21 días para cambiar sus hábitos.

¿Cómo lo vamos a lograr? Cambiando los pensamientos que nos atoran y nos tienen enganchados con el cigarro. Activando pensamientos renovadores para que el proceso de dejar de fumar sea placentero, inmediato y para siempre.

La PNL dice: Tus pensamientos serán tus palabras, tus palabras serán tus hechos y tus hechos tu realidad. Si sigues obteniendo la misma realidad, es porque sigues pensando lo mismo.

¡Cambia tu programación mental y cambiará tu vida!

Reducir el consumo
de cigarros

Empieza haciendo lo necesario, después lo posible y de pronto
te encontrarás haciendo lo imposible.

SAN FRANCISCO DE ASÍS

Con bajarle al consumo diario de cigarrillos no has empezado a dejar de fumar. Lo enfatizo mucho, ya que hay infinidad de fumadores que lo consideran un logro y no es así, porque al cabo de unos días vuelven a su ritmo de consumo acostumbrado.

Si el tiempo entre un cigarro y otro es alargado, la espera será mayor y el fumador tendrá que aguantarse las ganas de fumar. Con aguantar y resistir solo conseguirá sufrir y sufriendo jamás podrá lograr dejar de fumar, porque, en ese momento, el cigarro adquiere mayor valor.

Para no recaer, debe aprender a percibir al cigarro como lo que es, «basura»; todo depende del cristal con que se mire. Para el alegre exfumador, el cigarrillo es totalmente innecesario. Para el fumador es un placer y viéndolo así será muy difícil que deje su adicción.

La tendencia de consumo de nicotina del fumador es ir a más, no a menos. Si recordamos, nuestra vida de fumador la iniciamos con un cigarro y terminamos con 20 o más al día. Bajarle al consumo de cigarrillos diarios es un método fallido para dejar de fumar y que todos los fumadores aplicamos infinidad de veces y, lo peor del caso, es que así se puede pasar la vida y morir desafortunadamente en el intento a consecuencia del tabaquismo.

Los primeros días podrá funcionar, pero al cabo de unos cuantos días más, el fumador vuelve a su ritmo de consumo acostumbrado. Si este método funcionara, el fumador lograría dejar de fumar, pero las estadísticas demuestran lo contrario. Entre menos fumas te enganchas más.

La espera logrará que ese cigarrillo tan ansiado y esperado sepa maravillosamente delicioso.

Tratar de utilizar el método de bajar el consumo de cigarros, o comúnmente fumar de a poco, es autoengañarnos, quedando la esperanza de que en un rato más quizá podamos volver a fumar.

Lo que se requiere para lograr dejar de fumar es dejarlo del todo, de un jalón, de un tirón, y créeme que es más fácil y menos doloroso.

El cigarro y sus mitos

Mientras el fumador siga considerando que el cigarro lo calma en momentos de estrés, ira, y cólera, así será su realidad.

Quienes han dejado de fumar con PNL lo han logrado cambiando su chip mental al considerar al cigarrillo como simple basura que no hace nada por ellos.

Cuida tus pensamientos y palabras, porque ellos son una varita mágica que los materializa para hacerlos realidad. Ten cuidado de cómo le hablas a tu inconsciente, porque este siempre seguirá las indicaciones que tú le envíes. Tu inconsciente no diferencia entre verdad y fantasía, ni entre seriedad o broma, y todo lo que le indiques lo tomará como una orden.

Sé prudente con tus pensamientos, porque ellos se volverán acciones y, si continúas decretando que dejar de fumar es difícil pero no imposible, tu cerebro lo tomará como un mandato que hará del proceso de dejar de fumar una agonía mental. La diferencia entre que a unos les resulte fácil dejar de fumar y a otros no, reside en sus creencias.

¿Por qué decir que es tan fácil dejar de fumar cuando los rumores apuntan a que es difícil?

Precisamente porque son rumores. El cerebro humano tiene una capacidad y un poder enormes para transformar lo imposible en posible y lo difícil en fácil. Solamente es necesario aplicar los modelos correctos de pensamiento.

Hay quienes aconsejan que los exfumadores deberían cambiar rutinas y dejar de hacer lo que acostumbraban y alejarse de los fumadores. ¡A lo hecho, pecho! Mientras más rápido te enfrentes a tu vida cotidiana, mejor será, y tendrás menos riesgos de recaer. Es decir, no se trata de cambiar las rutinas, es adaptarte a ellas, a todo lo que implica tu vida cotidiana, llámese una pareja fumadora, compañeros de trabajo fumadores, salir a tomar una copa o café.

Cambiar rutinas no ayudará en nada porque, tarde o temprano, el exfumador regresará a ellas y su cerebro, que guarda recuerdos en su memoria, le puede enviar de nuevo el mensaje de fumar así hayan transcurridos días, meses o años de haberlo dejado. Si el fumador enfrenta las rutinas sin fumar desde el primer momento, su cerebro recibirá la nueva indicación de que ahora ya no se fuma en sus actividades de costumbre. Que ya no fumará ni con el café, ni con una copa, ni cuando conviva con fumadores. Debemos saber enfrentar a los fumadores. Yo dejé de fumar viviendo con mi esposo quien acostumbraba fumar dos cajetillas diarias (40 cigarrillos) y aun así lo logré. ¿Acaso para conseguirlo es necesario arrojar por la ventana a los fumadores?

Es cuestión de pensar correctamente, ver los beneficios y ventajas que estamos adquiriendo con dejar de fumar y por supuesto no perder el sentimiento de euforia y entusiasmo.

El éxito del Método para Dejar de Fumar es Facilísimo con PNL y el Método del Conteo estriba en NUNCA perder el entusiasmo. Cuando el exfumador baja la guardia, desiste y afloja, indefectiblemente llega la recaída.

Si piensas que PUEDES estás en lo correcto. Si piensas que NO PUEDES, estás en lo correcto también, porque tu mente solo estará obedeciendo la orden que TÚ le indiques.

¿Alguna vez te has preguntado por qué los fumadores se engancharon al tabaco y los no fumadores tuvieron la fortuna de nunca fumar?

Muy sencillo; y no quiere decir que el fumador sea más débil y necesite del cigarro para enfrentar el estrés y los problemas cotidianos, ni que el no fumador sea más fuerte para no necesitar fumar y afrontar los problemas de la vida. La diferencia estriba en que aunque prácticamente todos, sin excepción alguna, probamos el cigarro alguna vez en nuestra adolescencia, el fumador aprendió a hacerse inmune al sabor del cigarro (porque en realidad su sabor es desagradable); aprendió el proceso de tragar el humo, pasarlo por la garganta sin asfixiarse (dar el golpe) y aguantar el mareo y las náuseas que causan fumar y, el no fumador, desde un principio percibió el mal sabor del cigarro, no le gustó, lo detestó, y se salvó para toda su vida de la agonía que ocasiona fumar y de morir, en muchos casos, por su causa.

Mientras el fumador siga considerando que el cigarro lo calma en momentos problemáticos, estrés, ira y cólera, le resultará difícil dejar de fumar.

Quienes han dejado de fumar con PNL y el Método del Conteo lo han logrado cambiando su chip mental, al considerar a ese cilindro relleno de tabaco como simple porquería que no hace nada por ellos.

¿Fuerza de voluntad o buena voluntad?

La felicidad consiste en poner de acuerdo tus pensamientos, tus palabras y tus hechos.

MAHATMA GANDHI

No confundamos la fuerza de voluntad con buena voluntad. Si bien todo ello resulta necesario en el proceso de abandono del tabaco, también es importante saber que la fuerza de voluntad es un esfuerzo que realizamos cuando tenemos un gran interés por conseguir un objetivo determinado, pero nadie ha dicho que esforzarse signifique sufrir o hacer un sacrificio. Un atleta se va esforzando por ganar la carrera. En su rostro lleva implícito el esfuerzo, nunca refleja rastros de tortura, ni sufrimiento, al contrario, lucha felizmente. Entre más aguantes y te resistas, más vulnerable te vuelves.

Es importante entender que fumar, para el fumador, es como el dulce para la mayoría de los diabéticos. Si se inicia el proceso de dejar de fumar con un sentimiento de privación, el fumador seguirá pensando que cuesta y que dejar de fumar es sumamente difícil, porque a los seres humanos no les gusta sufrir ni hacer sacrificios, por lo mismo, utilizar la fuerza de voluntad para dejar de fumar no funciona.

La buena voluntad es lo que funciona, porque implica el deseo y la convicción de querer terminar con la adicción a la nicotina.

Utilizar la técnica de la fuerza de voluntad no es recomendable, por lo que hablamos de que a nadie le gusta sufrir. «El que resiste, persiste». Lo único que requerimos para dejar de fumar es voluntad, buena voluntad; es decir, querer dejar de fumar. Con resistir solo conseguiremos fumar más.

En *Dejar de Fumar es Facilísimo con PNL y el Método del Conteo* solo es cuestión de utilizar la psicología inversa. Al ir a contracorriente, el fumador se engancha más.

Es enseñarle simplemente que dejar de fumar no necesariamente tiene que ser un castigo, sino que puede llegar a ser un verdadero placer, todo depende del cristal con que se mire.

Aplicando la fuerza de voluntad o comúnmente dicho por muchos «desayunar, comer y cenar productos de gallina», lleva tristemente a la recaída, porque a nadie le gusta el sufrimiento, ya que esos sentimientos de angustia y molestia desencadenan en el fumador frustración, depresión y tristeza, que, por ende, terminan con todo el propósito de querer dejar de fumar. Por tal razón, el adicto a la nicotina va posponiendo y postergando ese momento de apagar su último cigarro, aplicando mil excusas.

Utilizando la técnica de dejar de fumar, aguantando y resistiendo mediante la fuerza de voluntad, sería como pellizcar fuertemente una parte de tu cuerpo. ¿Cuánto aguantas?

Los huevos se revientan, por eso las dietas no funcionan y la mayoría de las personas con sobrepeso pasan toda una vida rompiéndolas.

¿Tengo que sacrificarme y aguantar para dejar de fumar?

El fumador no está renunciando absolutamente a nada. Pensar que está renunciando al cigarro le ocasionará un sentimiento de frustración y depresión que lo llevará a fumar nuevamente. Por el contrario, pensar que recuperará su salud, que tendrá mejor concentración, que respirará mejor, que no se cansará más al subir escaleras, que ya no habrá tos ni flemas, que estará regresando a su origen y que enfrentará los problemas con su propia fortaleza, lo ayudarán en gran medida a seguir adelante y a no recaer.

Pensar «NO puedo» es prohibición. Inconscientemente tu cerebro lo asimila y se rebela. Al pensar «NO puedo» estás decretando tu imposibilidad para dejar de fumar. Dile a un niño que no brinque sobre la cama, en cuanto des la media vuelta ya estará brincando en ella.

Debemos darnos libertad y utilizar la psicología inversa. Dale la libertad al niño para que brinque sobre la cama, dile que si quiere puede hacerlo, pero que se puede caer y entonces no podrá volver a jugar en el parque por mucho tiempo y créeme que no lo hará. Lo mismo sucede con los adictos a cualquier droga. No debemos usar el «No» como prohibición sino de manera afirmativa.

La madre Teresa de Calcuta decía: «No me inviten a una marcha en contra de la guerra, sino a favor de la paz».

No saber manejar el «No» nos atora y no nos permite salir del agujero. Qué te parece si en lugar de decir «no debo» o «no puedo fumar», dices: «Puedo fumar, pero ya no lo necesito» o «podría fumar, pero no quiero». Decir «no puedo», atora; decir «no quiero», libera, por eso existe el libre albedrío.

Para conseguir tu propósito de dejar de fumar, lo primero que debes tener claro es que la mente no distingue entre un «sí» y un «no». Por lo tanto, si ves un cartel que dice «prohibido fumar», tu mente pensará inmediatamente «quiero fumar». Conseguirás todo lo contrario a lo que deseas.

¡Cuidado con las palabras y los pensamientos!

Si sigues diciendo que todo te saldrá mal, quizá te conviertas en profeta.

ISAAC SINGER

Las palabras activan tu sistema dopamínico, cuya base o cuyo centro es un neurotransmisor fabricado por el organismo que está relacionado con las funciones motrices, las emociones y los sentimientos de placer. Con solo imaginar el efecto que la nicotina produce en nuestro organismo, la mente nos lleva a esa sensación que nos producía la droga, sin necesidad de haberla consumido, porque el cerebro no distingue entre verdad y fantasía. Por eso es importante detener los pensamientos con respecto a las ganas o los deseos por fumar. Si no los detiene, entonces, el exfumador dará rienda suelta a sus ganas por fumar que pueden llevarlo a una recaída.

Cuidado con los pensamientos porque nos pueden enganchar o liberar. La mejor manera de evitar y combatir el deseo de fumar es con la mente.

¡Cambia tu chip mental y dale *click* a tu vida!

Las investigaciones médicas y científicas han concluido que los enemigos más temidos por el organismo no son los microbios, sino los pensamientos y las palabras de cada día. La ciencia ha descubierto que cuando se tiene un pensamiento, el cerebro produce sustancias que abren lo que se podría llamar una ventana. Cuando este concluye, la ventana se cierra, por eso es importante tomar una actitud positiva con una lluvia de ideas efectivas cuando se decide dejar de fumar, desechando todas las depresivas, desagradables, tristes y negativas que podrían surgir en el proceso de abstinencia por falta de nicotina; es bien sabido que cada célula de nuestro cuerpo reacciona a todo lo que «dice» nuestra mente.

¿El cigarro relaja, calma y tranquiliza?

*Cuando cambias la forma de ver las cosas,
las cosas cambiarán de forma.*

Wayne W. Dyer

Contrariamente a la creencia generalizada por los fumadores de que el cigarro calma la ansiedad, se ha comprobado que fumar estimula la tensión y el estrés. ¿Sabías que la dependencia física a la nicotina solo dura alrededor de una semana? Y los beneficios son progresivos siempre y cuando no se haya adquirido una enfermedad irreversible que generalmente aparece en el momento en que se deja de fumar.

El contenido de nicotina en un cigarro varía de 0.8 mg a 12 mg dependiendo de la marca. La sola acción de fumar uno produce un aumento de la tensión arterial sistemática, que dura 15 minutos, y una elevación de la frecuencia cardiaca de 10 a 15 latidos por minuto. Además, hay estudios médicos que permiten inferir que una inyección intravenosa de cinco a diez gotas de nicotina (aproximadamente el contenido equivalente de nicotina que contiene un cigarro) a una persona sana, le produciría la muerte entre los cinco y 30 minutos posteriores a su administración. Puede que tú no adviertas el daño, pero tu organismo sí que lo detecta.

La nicotina altera el ritmo cardiaco y el sistema nervioso. El exceso de ella puede provocar convulsiones, incluso la muerte. ¿Acaso esto relaja y tranquiliza?

Debemos partir del entendido de que la función de toda droga es calmar la ansiedad que provoca ¡la misma droga! Entre un cigarro y el siguiente existe un periodo de abstinencia. En ese ínter, el organismo comienza a pedirle al fumador su dosis necesaria para estar tranquilo. Cuando el fumador le otorga la nicotina que necesita, su organismo se relaja y tranquiliza. Debido a este proceso, el fumador erróneamente confunde la relajación (por falta de nicotina), con relajación real, como la que pudiera producir algún ansiolítico psicofármaco o natural.

Si partimos de que es verdad que el tabaco tranquiliza, entonces las demás drogas legales e ilegales, también relajarían. El alcohólico se tranquiliza al tomar su primera copa. Asimismo, el heroinómano también se calma cuando se inyecta su dosis, pero las consecuencias a largo plazo son nefastas.

Una vez que el fumador se dé cuenta de por qué siente que el tabaco lo relaja, comprenderá que con fumar no solucionará ningún problema, ni lo calmará.

Es importante enfatizar que fumar NO SOLUCIONARÁ NADA. Esta parte es muy importante para que no recaigan ante el estrés o ante ciertos problemas, porque, de ser así, el fumador inmediatamente se refugiará en el cigarro.

¿Te solucionó algo fumar? Te puedo asegurar que no. Fumar no soluciona nada, lo agrava. Desafortunadamente el fumador está mentalizado a que el cigarro lo relaja en momentos de estrés, esto debido a que la nicotina favorece la liberación de dopamina en el cerebro (un neurotransmisor cuyo principal efecto es hacer sentir bien y relajado al fumador). Esa es la artimaña y el engaño de la nicotina; por eso el fumador erróneamente cree que fumar le ayuda a calmarse en momentos difíciles.

No te dejes engañar. Ahora que ya lo sabes, trata de cambiar tus creencias. El tabaco ni te ayuda, ni te relaja, sino todo lo contrario, altera tu sistema nervioso y te impide que enfrentes con total fortaleza las adversidades de la vida.

El cigarro tiene una identidad para el fumador. No es lo mismo decir que tu hábito no te solucionará nada ni te relajará, a especificar que el cigarro («mi fiel compañero») no me solucionará nada, al contrario, será peor porque terminaré con dos problemas: el inicial y el de regresar al hábito que tanto me costó dejar.

Lo planteo así: el cigarro es tan importante para el fumador, que incluso, hubo una persona que me dijo que cuando fumaba, sentía como si el cigarro la abrazara, calmándola.

La nicotina, aparentemente, causa una sensación placentera y esto provoca que el fumador quiera fumar nuevamente. Pero en realidad, la nicotina produce un efecto depresivo al interferir con el flujo de información entre las células nerviosas.

Los fumadores tienden a aumentar el número de cigarrillos que fuman conforme su sistema nervioso se adapta a la nicotina. Esto, a su vez, aumenta la cantidad de la sustancia en su sangre. Después de un tiempo desarrolla cierta tolerancia a la droga, lo que significa que requiere de más nicotina para obtener el mismo efecto que acostumbraba obtener de cantidades más pequeñas. Al paso del tiempo, esto le causa un aumento en su hábito de fumar. Finalmente, el fumador alcanza cierto nivel de nicotina y entonces sigue fumando para mantenerlo en un punto agradable.

Específicamente, cuando una persona termina de fumarse un cigarrillo, el nivel de nicotina en su cuerpo comienza a disminuir más y más. Las sensaciones placenteras desaparecen y quiere volver a fumar. Puede que comience a sentirse irritado y tenso si pospone fumarse un cigarrillo. Por lo general, no alcanza el punto de sentir síntomas de abstinencia reales, pero se siente más incómodo conforme transcurre el tiempo. Luego se fuma un cigarrillo, las sensaciones agradables reaparecen y el ciclo continúa una y otra vez.

La mayoría de los no fumadores perciben el acto de fumar como un hábito fácil de eliminar y no como la adicción que es. Consideran que el adicto a la nicotina está falto de estímulo, falto de voluntad y de decisión para dejar de fumar y justamente por estas razones, el fumador que intenta o alguna vez ha pretendido dejar de fumar y no lo ha logrado, es atacado constantemente como una persona que no tiene las agallas ni el coraje para hacerlo, cuando hay estadísticas que apuntan que únicamente 5% de los adictos a la nicotina logran dejar de fumar por sí mismos; los demás requieren de guía profesional mediante un método o una terapia, ya que la nicotina es considerada 10 veces más adictiva que la heroína.

Ya que hablo de estigmas sociales, estarás de acuerdo en que, de niños, percibíamos a nuestros padres, familiares y amigos, quienes tenían el hábito del tabaco, como fumadores sociales. Los distinguían el glamour y la elegancia, pero jamás pasó por nuestra mente considerarlos como drogadictos, y, nos guste o no, el fumador desafortunadamente es un drogadicto, al igual que el cocainómano o el heroinómano.

¿Qué es la nicotina?

La nicotina es un compuesto orgánico, un alcaloide, encontrado principalmente en la planta del tabaco (*Nicotiana tabacum*), con alta concentración en sus hojas (constituye cerca del 5% del peso de la planta y del 3% del peso del tabaco seco).

La nicotina debe su nombre a Jean Nicot, quien introdujo el tabaco en Francia en 1560. Se sintetiza en las zonas de mayor actividad de las raíces de las plantas del tabaco y es trasportada por la savia hacia las hojas verdes. El depósito se realiza en forma de sales de ácidos orgánicos.

Es un potente veneno e incluso se ha usado históricamente como insecticida. En bajas concentraciones la sustancia es un estimulante y es uno de los principales factores de adicción al tabaco. Además, el humo que se desprende de la porción final del cigarrillo es más tóxico que el humo que se inhala directamente al fumar.

Si extraemos la dosis de nicotina que contiene un cigarrillo y lo inyectamos directamente en la vena, puede provocar convulsiones y hasta la muerte.

En el fumador, el mecanismo de acción de la nicotina actúa sobre los circuitos de recompensa que influyen en los estados de ánimo y en las sensaciones placenteras, como ocurre con la cocaína y la heroína.

La nicotina aumenta la actividad de las células que inhiben la médula espinal, dando como resultado la disminución del tono muscular y dejando una sensación de relajación. Lo que sucede conforme pasa el tiempo es que el fumador no se relaja, sino que va entrando en una etapa de necesidad mayor y por consiguiente de adicción; necesita mantener la concentración de nicotina en la sangre o de lo contrario entrará en una crisis de abstinencia.

Por desgracia, con dosis mínimas, esta sustancia actúa como un antidepresivo que activa la producción de serotonina. Esto no quiere decir que los fumadores sean depresivos, sin embargo, dejar el tabaco les causa depresión, por eso la importancia de que generen pensamientos óptimos.

La nicotina es una sustancia que afortunadamente se desecha rápidamente del organismo. Aproximadamente a los 30 minutos de que un cigarro ha sido apagado, 50% de su contenido de nicotina, ya ha sido eliminado.

Este hecho genera que la mayoría de los adictos fumen un cigarro tras otro, existiendo un periodo de abstinencia entre el que se fumó y el siguiente.

Debemos recordar que la naturaleza de toda droga es únicamente calmar la ansiedad que crea la misma droga. El tabaco ni tranquiliza, ni relaja, sino todo lo contrario, altera tu sistema nervioso y tu presión arterial.

Recuerda: el cigarro no es parte de una solución, más bien se vuelve parte del problema.

No todos los consumidores de nicotina crean adicción. En ocasiones hemos conocido a personas que acostumbraban fumar únicamente un cigarro al día, quizás dos a la semana o incluso una vez al mes con una copa de vino.

¿Por qué si algunos pueden controlar el consumo de nicotina otros fuman empedernidamente?

No se trata de control, en realidad se debe a que no todos tienen la misma resistencia a la nicotina, es decir, su organismo no soporta altas dosis de esa sustancia, lo que crea repulsión, asco e intolerancia, que los conduce a no consumir más; lo contrario a los fumadores empedernidos quienes, gracias a su alta resistencia a la droga, la toleran gustosamente, provocando que fumen compulsivamente.

Es importante señalar que no todas las personas crean adicción. He conocido personas que consumen cocaína únicamente dos o tres veces al año. ¿Por qué no consumen más? No llegan a ser adictos empedernidos simplemente porque su organismo no tolera la droga en grandes cantidades e inmediatamente comienzan a sentir repulsión, intolerancia y asco por la sustancia.

En una ocasión conocí a una persona que consumía cocaína simplemente por agradar a su pareja que era cocainómana, mas no porque le gustara usarla. Un día decidió ya no ingerirla más y finalizar con su pareja para siempre. De la misma manera que terminó su relación sentimental, terminó también su relación con la cocaína, sin tener que padecer abstinencia por no consumirla. ¿Por qué? Porque sencillamente nunca creo adicción, porque nunca le gustó el efecto ni el sabor de la cocaína, salvándose para siempre de ser una adicta en potencia.

Si te gusta lo que consumes puedes crear adicción. Si no te gusta no la habrá, así de simple.

La nicotina y los elementos cancerígenos que contiene un cigarro

Acetaldehído: Causa irritación de ojos, nariz y vías respiratorias superiores, así como catarro bronquial. En altas concentraciones produce cefalea, estupor, bronquitis y edema pulmonar. Ejerce también una acción narcótica general en el sistema nervioso central.

Acetona: Diluyente inflamable.

Ácido cianhídrico: Gas altamente venenoso (bloquea la recepción de oxígeno por la sangre).

Acroleína: Componente que provoca mal aliento.

Alquitrán: Sustancia tóxica y cancerígena que ayuda al desarrollo de la adicción. Obstruye las vías respiratorias y es la sustancia amarillenta y pegajosa que mancha los dientes y dedos de los fumadores y que se deposita en los pulmones.

Amoníaco: Químico peligroso utilizado en productos de limpieza.

Amonio: Se utiliza para cristalizar la nicotina, un proceso similar al que se hace para convertir el polvo de cocaína en crack. Acelera la dispersión de la nicotina cristalizada, lo que modifica su composición química con el fin de que sea absorbida más rápidamente por el organismo.

Anilina: Es un líquido entre incoloro y ligeramente amarillo, de mal olor. Puede ser tóxica si se ingiere, inhala o entra en contacto con la piel. Daña a la hemoglobina, responsable del transporte del oxígeno en la sangre.

Arsénico: Componente altamente dañino; veneno puro contenido en los raticidas.

Benzopireno: Sustancia cancerígena que ayuda en el proceso de combustión; hace que el cigarrillo no se apague.

Butano: Gas incoloro, inodoro, pero altamente inflamable. Combustible doméstico.

Cianuro: Veneno empleado en la cámara de gas.

DDT: Plaguicida.

Dietilnitrosamina: Causante de daños hepáticos.

Fenol: Corroe e irrita las membranas mucosas. Si se ingiere o se inhala directamente es mortal. Aparte de ser corrosivo, afecta el sistema nervioso central.

Formol: Formaldehído conservante.

Metales pesados: mercurio, plomo y cadmio: Un solo cigarrillo contiene de 1 a 2 mg, lo que reduce la capacidad de los pulmones. La vida promedio de estas sustancias en el organismo es de 10 a 30 años. Entre otros problemas también causan disnea, fibrosis pulmonar, enfisema, hipertensión, cáncer de pulmón, de próstata, de riñón y de estómago.

Metanol: Tipo de alcohol utilizado como combustible para cohetes y automóviles.

Monóxido de carbono: Gas incoloro de elevada toxicidad. El mismo que sale del escape de un automóvil. Tiene gran facilidad para asociarse con la hemoglobina, disminuyendo la capacidad de transporte del oxígeno.

Naftalina: Sustancia blanca, volátil, con olor característico a antipolilla.

Nicotina: Droga psicoactiva, responsable de la mayor parte de los efectos del tabaco sobre el organismo y que genera dependencia física. Es un alcaloide utilizado también como insecticida. A pesar de su mal olor, es el principio activo del tabaco; es la sustancia que provoca la adicción. Su duración promedio en la sangre es inferior a dos horas y, cuando su concentración se reduce, aparecen los síntomas que alertan al fumante sobre la necesidad de un nuevo cigarrillo.

Níquel: Se almacena en el hígado, riñones, corazón, pulmones, huesos y dientes. Puede causar gangrena en los pies y daños al miocardio.

Nitrosamina: Daña las células de los tejidos y puede producir tumores malignos.

Pireno: Hidrocarburo carcinógeno. Se utiliza como aromatizante.

Piridina: Actúa como un depresor del sistema nervioso central. Funciona igual que la nicotina, con el fin de potenciar los efectos adictivos de fumar.

Polonio-210: Elemento extremamente radioactivo.

Tolueno: Se usa en la fabricación de pinturas, diluyentes de pinturas, barniz para las uñas, lacas, adhesivos y gomas, en ciertos procesos de imprenta y cultivo de cuero. Los vapores que genera tienen efectos narcóticos e irritantes. Si se inhalan en gran cantidad pueden llegar a provocar la muerte.

Mejoras en tu salud que estarás empezando a disfrutar al dejar de fumar

La vida comienza donde el miedo termina.

OSHO

Pasados 20 minutos después del último cigarro: la frecuencia cardiaca, tu pulso cardiaco y tu sistema nervioso se normalizan, recuperas tu presión sanguínea. Empieza a mejorar la circulación de la sangre en tus piernas.

A las 8 horas: tus niveles de oxígeno en sangre se normalizan. Desde ese mismo instante empieza a disminuir el riesgo de que sufras un ataque cardiaco. Si tenías alguna enfermedad relacionada con el consumo de tabaco, aumentan tus posibilidades de recuperación.

Al tercer día: compruebas que puedes respirar mejor, debido a la relajación de los circuitos bronquiales. Por ello, te sientes mejor y con más energía.

Al cabo de 3 semanas: disminuye o desaparece la tos. Los pulmones trabajan mejor y también tu circulación sanguínea ha mejorado sensiblemente.

Al cabo de 2 meses: tienes más energía y agilidad. Experimentas la satisfacción de haber recuperado la dirección de una parte de tu vida que, hasta hace un tiempo, dependía del tabaco.

A los 3 meses: tus pulmones funcionan del todo, normalmente.

Después de 1 año: el riesgo de muerte repentina, por ataque al corazón, se ha reducido a la mitad.

En 10 años: el riesgo de que sufras un ataque al corazón o un infarto de miocardio y de padecer cáncer de pulmón, se equipara al de las personas que nunca han fumado.

¿Tengo que aislarme de ambientes fumadores para dejar de fumar?

¿Qué sucede cuando los fumadores tienen pareja, hijos o compañeros de trabajo y amigos fumadores?

Todos los métodos para dejar de fumar apuntan a que el fumador debe prácticamente aislarse del mundo en el proceso de abstinencia, es decir, no convivir con fumadores, no ingerir alcohol, café o cualquier bebida que asocie con el cigarro, así como evitar interactuar o platicar con quienes acostumbran fumar y por supuesto esconder ceniceros.

No es posible modificar el entorno de los demás, es el fumador quien debe aprender a dejar de fumar en el ojo del huracán; esto lo fortalecerá y así tendrá menos tendencia a recaer.

Yo dejé de fumar viviendo con mi esposo, quien fumaba entre dos y tres cajetillas diarias dependiendo del momento; las observaba por todos lados en la casa. Hoy, orgullosamente puedo decir que llevo ocho años invicta.

El fumador tiene que programarse para dejar de fumar en su propio entorno, en su mismo ambiente. No podemos cambiar a los demás ni aislarnos del mundo simplemente porque tomamos la decisión de dejar de fumar.

Es el fumador quien debe empezar a cambiar sus hábitos y sus programaciones mentales.

Empieza a ver a los fumadores con compasión, con pena. Suena un poco cruel, pero si no los miras de esa manera, empezarás a envidiarlos y comenzarán a llegar a tu mente pensamientos frustrados como «por qué ellos si pueden fumar y yo no». En ese momento desgraciadamente puede llegar una recaída.

¿Cómo enfrentar a los fumadores?

Nada te ata, excepto tus pensamientos. Nada te limita, excepto tus miedos. Nada te controla, excepto tus creencias.

MARIANNE WILLIAMSON

Si el exfumador se concientiza y observa a los fumadores a su alrededor con pena, con compasión, como a personas que están acabando con su salud y cuyas probabilidades de vida pueden ser mínimas o que están muriendo día a día, el alegre exfumador difícilmente recaerá.

Puede sonar un poco duro y cruel pensar así, pero, ¿acaso no es la realidad que le espera al adicto si continúa fumando?

Como ya he comentado, todos los métodos para dejar de fumar apuntan a que el fumador debe prácticamente aislarse del mundo en el proceso de abstinencia, es decir, no convivir con fumadores, no ingerir alcohol, café o cualquier bebida que asocie con el cigarro; evitar interactuar, platicar o charlar con quienes acostumbren fumar, esconder ceniceros, etcétera; una total limitación.

Pero no podemos modificar el entorno de los demás únicamente porque el fumador ha dejado de fumar, sería un acto muy egoísta por parte del exfumador pretender cambiar el medio o entorno de los demás, simplemente porque él ha decidido dejar de fumar.

Al posponer el momento de enfrentamiento, le resultará al exfumador más difícil el acoplamiento, entonces podrá presentar una recaída, así que al mal paso darle prisa.

La clave para no recaer es no envidiar al fumador que tenemos enfrente, al contrario, hay que recordar la felicidad que resulta de no fumar, ya no tener que ir a la tienda más cercana a media noche a comprar cigarrillos; recordar lo hermoso que es ser libre y vivir sin esa dosis diaria de veneno que le inyectamos a nuestro organismo.

¿Quién envidia a quién? ¿Tú al fumador o el fumador a ti? Piénsalo. ¡Por supuesto que el fumador te envidia, porque tú has logrado dejar de fumar!

Si bien no puedes cambiar los hábitos de los fumadores o salir huyendo de ambientes fumadores, puedes empezar a cambiar tú, puedes, también, transformar la forma como ves al fumador.

Vacío físico y emocional

El vacío que el exfumador siente en la boca del estómago es causado por la nicotina, y por la falta de ella también, así que es muy común que confunda ese vacío con hambre. Es por esto que, aunado a la ansiedad por falta de nicotina, tenga constantes ganas de comer y picotear durante todo el día.

Recomiendo que mientras el organismo del exfumador se acostumbra y se acopla a su nueva vida, picotee durante el día alimentos sanos que no lo suban de peso como frutas, verduras, frutas secas, proteínas. El problema es picotear alimentos altos en grasas, harinas y azúcares. También se puede consultar a un experto en nutrición para obtener consejos y guía.

Si trata de llenar esa sensación de hambre con pizzas, hamburguesas y comidas que engordan, entonces se verá frente a otro problema de adicción que es el sobrepeso. No se trata de eliminar un problema (el tabaquismo) y adquirir otro (el sobrepeso).

Al final del libro encontrarás algunas recomendaciones alimenticias para no subir de peso.

Es importante recordar que ese vacío que siente el exfumador es por falta de nicotina, en cuanto la elimine de su organismo, desaparecerá. Esto ocurrirá en unas cuantas semanas.

Por otro lado, después de que el fumador ha apagado el último cigarro, puede llegar a presentar, durante su etapa de abstinencia, la sensación de que algo le falta. A ese sentimiento se le denomina vacío emocional, que se puede manifestar como un estado de incertidumbre, dudas, descontento, insatisfacción, desaliento, inquietud, intranquilidad, fastidio, melancolía, llanto e incluso como un sentimiento de duelo, parecido al dolor que se genera a consecuencia de la pérdida de un ser querido o del rompimiento de una relación.

Si manejamos correctamente nuestras emociones, enfocándonos en los beneficios y las ventajas de dejar de fumar, ayudará en gran medida para que el proceso de abandono de la nicotina sea más fácil y llevadero.

Recuerda que la mejor arma que tienes para combatir las ganas de fumar es tu mente.

Adicción psicológica

*La persona que envía pensamientos positivos,
activa positivamente el mundo a su alrededor
y atrae resultados positivos para sí mismo.*

Norman Vincent Peale

En lo que se refiere a la adicción psicológica y social, ambas están instaladas en el sistema de creencias, mediante asociaciones y las dos han formado un patrón de conducta que viven en la mente del fumador, el cual normalmente no es completamente consciente, ya que cuando el adicto a la nicotina enciende un cigarro, generalmente lo hace en automático, sin pensar en el motivo que en ese momento está empujándole a encenderlo.

Para acabar con la adicción a la nicotina se necesita de un tratamiento especial e integral, como el que te propongo en *Dejar de fumar es Facilísimo con PNL y el Método del Conteo*, porque, como con otras sustancias, es una neuroadaptación en la que se alteran las conexiones bioquímicas del cerebro.

Además del placer que la adicción produce en el cerebro, cuando el fumador suspende la dosis de nicotina se le presentan pensamientos y recuerdos asociados al consumo, que logran que muchos tengan un enganche emocional con el cigarro y que pueden lograr que el fumador reincida.

Una vez que se da un patrón de consumo de nicotina, en el cerebro también se establece un mecanismo de reforzamiento positivo, el cual, gracias a la acción del *Núcleo accumbens,* (a este se le atribuye una función importante en el placer incluyendo la risa y la recompensa, así como el miedo, la agresión, la adicción y el efecto placebo), se guarda la memoria del placer que proporciona esta sustancia. Con el tiempo, sin consumir nicotina, esta memoria de placer desaparece.

Al estimularla, se mandan señales a otras estructuras del cerebro para iniciar una búsqueda de placer, con lo cual se produce la dependencia a la nicotina, que es una de las sustancias más adictivas y más difíciles de erradicar, sin importar la edad, el género o el nivel socioeconómico de la persona.

La tolerancia se produce cuando se busca tener el mismo efecto de la primera vez, pero con dosis mayores que al principio. Una persona se fuma un cigarro, pero conforme transcurre el tiempo, uno ya no será suficiente y necesitará de más dosis para mantener el mismo efecto.

En este proceso también se modifican las conexiones en los sistemas de recompensa, de modo que, cuando se corta el consumo de la nicotina, se presenta el síndrome de abstinencia que es la respuesta del sistema nervioso central ante la interrupción de la nicotina.

Por lo tanto, hablar de adicciones es hablar de neuroadaptación, así que no es cierto que terminar con la dependencia a una sustancia, en este caso la nicotina, sea solo cosa de la fuerza de voluntad, pues es un trastorno en el que se alteran los mecanismos de comunicación en el cerebro que, al dejar de consumirla, pueden generar angustia, alucinaciones, delirios, palpitaciones, náuseas y vómito, entre otros síntomas.

Estas conclusiones se basan en un estudio comparativo realizado a dos jóvenes quienes comenzaron a fumar desde los doce años, cuando el cerebro es aún inmaduro. Uno se hizo adicto y el otro no se hizo adicto al consumo de nicotina. El desarrollo entre uno y otro es distinto debido al efecto y estímulo de la sustancia que provoca que se desarrollen ciertas conductas (abstinencia, dependencia, tolerancia a la droga).

Por todo lo anterior, se recomienda que el adicto a la nicotina, que en verdad quiera dejar de fumar, reciba ayuda profesional y se trate de forma integral y personalizada, ya que se observa que muchos fumadores presentan, a la par, otros trastornos como ansiedad y depresión.

La buena noticia, es que hoy en día existen varias técnicas, como este libro que tienes en tus manos, *Dejar de fumar es Facilísimo con PNL y el Método del Conteo*, para tener acceso a la parte inconsciente de la mente, que es donde se encuentran esos patrones de conducta, es decir, esos mecanismos que sin darnos cuenta nos hacen actuar de una o de otra forma, y también es el lugar en el que se han establecido todos los hábitos que se tienen desde la infancia hasta el día de hoy.

Todo lo aprendemos por repetición. A nadie le gustó fumar la primera vez, solo que «su razón» para hacerlo incita a repetirlo hasta que se acostumbra. Lo mismo con ciertos sabores, comidas, actitudes, etcétera. Ahora estás usando ese mismo proceso para aprender otro hábito (ahora para terminar con la nicotina), pero este no es destructivo sino saludable y beneficioso para tu salud y la de los demás. Es el primer paso para recuperar tu libertad, el don más preciado del ser humano.

Si moldeamos nuestra mente con pensamientos positivos, en lugar de lamentaciones, y vemos el proceso de dejar de fumar como una liberación y no como una privación, nuestro proceso de abstinencia será más llevadero y lograremos ser unos alegres y victoriosos exfumadores.

Yo soy una de ellos. Inicié mi vida de fumadora a los veinte años de edad y durante 28 años pasé algunas temporadas intentando dejar el hábito, recaída tras recaída, fomentando únicamente mi impotencia por no lograrlo y poder dejarlo.

En una ocasión, dejé de fumar durante dos años; usé boquillas para retener la nicotina, parches, enjuagues bucales y el único método que apliqué fue el de la fuerza de voluntad. Después de esos dos años sin nicotina en mi cuerpo recaí, y mi recaída fue más fuerte, porque en lugar de fumar una cajetilla diaria de cigarros, como acostumbraba antes, mi consumo se había incrementado a dos cajetillas por día.

Nuevamente intenté dejar de fumar y no lo lograba, pensaba que sería muy difícil dejarlo nuevamente y que sufriría mucho; me sentía privada de mi placer o apoyo, creía que renunciaba a aquello que le daba sentido a mi vida y que los síntomas de la abstinencia por falta de nicotina serían aterradores. Pero cuando tuve la oportunidad de cambiar esas creencias fue ridículamente sencillo, fácil y simple dejar de fumar.

Lo primero que hice fue dejar de escuchar los comentarios de personas que aseguraban y daban por hecho que dejar de fumar era muy difícil.

En segundo lugar, empecé a desafiar las creencias negativas que provocaban en mí el deseo de fumar y a darme cuenta de que en realidad el león no es como lo pintan, sino es más lo que se dice de él.

Me di cuenta de que en realidad no había nada a qué renunciar, que el cigarro ni me relajaba, ni me calmaba en situaciones de estrés.

Ahora, después de ocho años de haber apagado mi último cigarro, confirmo todo lo antes expuesto. ¿Por qué? Por la siguiente situación que quiero compartir contigo:

En mayo de 2013 me preparaba para iniciar uno de mis talleres con una chica que tenía doble adicción, al cigarro normal y al cigarro electrónico. Para poder ayudarle con su adicción al cigarro electrónico con nicotina, fue necesario probarlo, ya que desconocía sus efectos y era importante que yo los conociera para poder ayudarle. Procedí a fumarlo e inmediatamente sentí esa patada de nicotina entrar en mi cuerpo, acompañada de mareo y falta de concentración y por supuesto no me enganché.

Tan no me enganché que, en mayo de 2015, llevé a cabo un experimento que había estado posponiendo y que consistía en darle dos fumadas al cigarro normal.

Por mi parte, comprendí que no había nada que me estuviera perdiendo, al contrario, dejar de consumir cigarrillos ha sido lo mejor que me ha podido suceder.

Y venía postergando ese momento, no por temor a engancharme nuevamente al cigarro, sino por no tener que pasar el proceso de falta de concentración, el sabor desagradable del tabaco, las náuseas y los mareos que implican fumar.

¡Al fin lo hice! ¿Y qué pasó? ¿Me enganche? ¡Por supuesto que NO!

¿Sabes por qué no me enganché?

No me enganché porque, ahora, fumar para mí es parecido a consumir comida podrida. Como comprenderás no puedo atarme a algo que me desagrada. Esta es la clave mágica para no recaer jamás y dejar de fumar para siempre.

Cuando logres percibir al cigarro como la basura que es, habrás terminado con tu adicción definitivamente. Pero mientras sigas considerando al cigarro como la apetitosa manzana prohibida, tendrás tendencia a recaer aun después de muchos años de haber apagado tu último cigarrillo.

Con lo anterior demuestro que cuando desechamos totalmente de la mente la idea equivocada de que fumar causa placer, nos convertimos inmediatamente en alegres exfumadores, porque empezamos a etiquetar al cigarro como una verdadera basura, como una porquería con sabor desagradable, que no hace nada por nosotros, ni nos ayuda en momentos de sumo estrés, ni nos calma, ni nos relaja. De esta manera, será muy difícil que nos volvamos a enganchar, incluso después de varios años.

Yo encontré mi liberación total y soy feliz por ello. ¿Creen que con estas creencias me volvería a enganchar?

Tú tienes la mejor herramienta que es tu mente.

Si tienes el control de tu mente, tienes el control de tu vida y lograrás dejar de fumar fácilmente y para siempre, solo es cuestión de que la pongas a trabajar con las creencias correctas y adecuadas.

¡Solo es cuestión de que lo creas para que lo puedas crear!

Sustitutos

Sustituir significa que sigue latente la adicción.

La mayoría de los métodos convencionales para dejar de fumar apuntan a que el exfumador debe hacer uso de sustitutos como mascar chicles, comer caramelos, sostener palillos, palitos o bolígrafos en la mano durante el periodo de abstinencia.

Sustituir significa que estará haciendo un enorme sacrificio por no fumar, lo que lo conducirá a la frustración y depresión por no poder dejar el hábito.

Sustituir significa que, como no puedo fumar, chupo un caramelo; como no puedo fumar, masco un chicle; como no puedo fumar, como chocolates, etcétera. El exfumador debe mentalizarse con que no necesita de sustitutos para dejar de fumar, y necesita tener pensamientos como: ¡Me siento tan bien ahora que ya no fumo! Estos agilizarán su proceso de acoplamiento y lo ayudarán a que su periodo de abstinencia sea casi imperceptible.

La nicotina presente en el tabaco aumenta el ritmo metabólico. Esto significa que tu organismo gasta con más rapidez las calorías que ingieres. Al dejar de fumar, tu ritmo metabólico se normaliza. Por eso generalmente se produce un aumento de peso (en torno a los 3 kg).

Esta leve subida de peso se acentúa si utilizas la comida como alternativa en situaciones de ansiedad o de tensión y también porque, al dejar de fumar, recuperas el gusto y el olfato, por lo que los alimentos te sabrán más ricos y te apetecerán más.

Siempre es más saludable un aumento moderado de peso que los efectos negativos producidos por el tabaco.

Hablemos un poco sobre la salud

*El que comienza sin confiar, perdió de antemano la mitad
de la batalla y entierra sus talentos.*

PAPA FRANCISCO

Normalmente, el fumador piensa que los daños y las enfermedades a consecuencia del tabaquismo, pueden afectar a todos menos a él. Sin embargo, los daños por fumar pueden atacar al adicto a la nicotina en cualquier momento.

El fumador vive bajo una bomba de tiempo que en cualquier momento puede estallar.

Con fumar no estás planeando el resto de tu vida, sino tu muerte.

Ese al que consideraste tu cómplice en todos los momentos de tu vida, en tus alegrías, en tus tristezas, cuando vas al baño, después de comer, después de levantarte, antes de dormir, en compañía de tu copa o de tu café, en tus reuniones con amigos, el compañero ideal que te apoya en momentos de estrés y problemas, no es más que tu verdugo, que te tiene bajo su yugo.

Es el amigo más traicionero, que en lugar de darte ayuda y beneficios está acabando con tu vida poco a poco.

No le permitas que logre su objetivo. Hoy es el mejor momento para acabar con él. Hoy es el mejor momento de sacarlo de tu vida, no permitas que él acabe con la tuya.

Normalmente, el fumador tiene los siguientes pensamientos incorrectos:

- Quiero dejar de fumar, pero no puedo.
- Debo y necesito dejar de fumar, pero no puedo.

Este tipo de ideas imposibilitan el proceso de dejar de fumar.

¿Cuál es la manera correcta de pensar?

Podría fumar, pero no quiero. No lo necesito, ni lo deseo.

Con esta última frase el fumador se libera y puede iniciar su proceso para liberarse del hábito.

Al pensar «No puedo», el fumador estará imposibilitando su proceso de rehabilitación y se verá ante un laberinto, atorado y enganchado.

Al pensar «No quiero», el fumador iniciará su liberación. Destrabará cualquier atadura y, por ende, reflejará que tiene en sus manos la decisión de fumar o no hacerlo.

¿Cómo enfrentar a los problemas cotidianos sin necesidad de fumar?

Como lo he explicado, es muy común que el fumador crea que la nicotina le calma la ansiedad, cuando es la misma nicotina la que le crea la ansiedad. La naturaleza de toda droga es únicamente calmar la ansiedad que crea la misma droga.

Ante un problema o estrés, el exfumador debe tener presente que fumar un cigarro no va a solucionarle absolutamente nada, al contrario, fumarlo le va a ocasionar otro problema más, porque tendrá que liberarse de su adicción al tabaquismo.

Aprenderás a enfrentar los problemas con tu propia fortaleza, como cuando eras niño que sabías resolver los problemas cotidianos sin necesidad de fumar, ¿lo recuerdas? De la misma manera que lo hiciste antes sin necesidad de apoyarte en un cigarrillo, lo harás ahora. Cuántas personas conoces que experimentan infinidad de problemas y no fuman.

¡Qué ironía! Al fumador le da miedo volver a su propia naturaleza.

La mayoría de los participantes que han asistido a mis talleres y quienes decidieron apagar su último cigarro, optaron por darle un nuevo y positivo giro a sus vidas. Muchos eligieron enfocar sus energías en la práctica de actividades provechosas como yoga, triatlón, artes marciales o cardio. Otros se decidieron por un tratamiento de blanqueo de dentadura. De no haber tomado la acertada decisión de terminar con su adicción, difícilmente hubieran podido lograr tanto.

Otro de los estímulos, que los motivó a dejar de fumar, fue recuperar la salud y tener una mejor calidad de vida para lograr ver crecer a sus hijos y disfrutar cada uno de sus triunfos.

Muchos manifestaron que haber dejado de fumar los llevó a disfrutar más de los sabores y a gozar de un aliento más fresco.

Aunque algunas veces se sintieron tentados por ese cilindro relleno de tabaco, hicieron caso omiso de sus tramposas técnicas de seducción. Ya no permiten más la entrada a ese traidor, porque saben que regresar con él sería una pérdida de tiempo y salud.

Ahora disfrutan de la libertad de ir a un restaurante y no tener que salir a media cena a fumar un cigarro. Gozan de la libertad de no tener que estar siempre atentos y preocupados por mantener sus cigarros a la mano. Recuerdan siempre las ventajas y beneficios de haber terminado con su adicción y eso los motiva a seguir adelante.

¡Vamos! Si ellos lograron dejar de fumar, tú también podrás.

¿Cómo poder ingerir alcohol sin recaer?

Todo lo que siempre has querido, está al otro lado del miedo.

GEORGE ADDAIR

Uno de los efectos del alcohol es desinhibir y suele pasar que cuando el exfumador tiene unas copitas de más, puede pensar que con fumarse un cigarro no va a suceder nada y que al siguiente día volverá a su calidad de exfumador.

La clave para poder ingerir alcohol y no recaer es desasociar el cigarrillo de la bebida.

Cuando el exfumador se dispone a participar en un convivio de amigos con los que asociaba tomar la copa y fumar, debe prepararse mentalmente antes de asistir a la reunión. Simplemente pensar que irá a ese lugar donde tomará la copa sin necesidad de fumar.

La mejor manera para no recaer cuando se consume alcohol, es mentalizarse que disfrutará del sabor de la copa sin necesidad de fumar.

En esta situación, ¿cuáles deben ser los pensamientos correctos?

- Estoy disfrutando tremendamente de mi copa y no necesito fumar.

- Qué maravilloso es poder deleitarme con una copa sin necesidad de fumar.
- Puedo tomar una copa sin necesidad de fumar.

Si su intención es excederse en el alcohol un poco más de lo acostumbrado, después de cinco o seis copas, repita nuevamente los modelos de pensamiento antes mencionados, le aseguro que no recaerá.

Una práctica que no falla para el exfumador es que, antes de salir de su casa rumbo al evento, donde con seguridad consumirá alcohol, cambie su reloj de la mano izquierda a la derecha. Eso le recordará que ya no fuma, porque la mayoría de las recaídas llegan sin que el fumador se percate de ello; lamentablemente lo agarra desprevenido y cuando se da cuenta nuevamente tiene un cigarrillo en la mano porque lo toma por inercia.

Una copa se disfruta mejor sin fumar. Desactiva la asociación que tienes copa-cigarro. De otra manera tendrás que hacer uso de la fuerza de voluntad y aguantar para no recaer ante la tentación de estar con una copa y no poder fumar.

La idea de tomar un trago es disfrutarlo, no se trata de sufrir y que ese momento se convierta en una agonía. Mientras sigas considerando que algo falta para disfrutarlo, tienes tendencia a recaer. Si el tomar una copa sin fumar es como si comieras una hamburguesa sin pan, te sentirás incompleto, insatisfecho, como que algo te falta para disfrutar. Ese sentimiento te llevará a sentirte privado, limitado y frustrado por no tener el «complemento ideal».

No lo veas como el complemento perfecto. Cambia tu chip mental y empieza a producir modelos nuevos de pensamiento y te darás cuenta de que una copa se saborea y se disfruta más sin fumar.

Recaídas

Las recaídas son un proceso normal en la restauración de la mente del adicto a la nicotina. Recaer no significa que el método para terminar con las adicciones no funcione ni que el adicto no lo entienda, son parte del proceso de recuperación. Sin embargo, hay que evitarlas al máximo, porque cuando son recurrentes pueden convertirse en hábitos e imposibilitar la rehabilitación del fumador.

Como ya hemos comentado, la nicotina favorece la liberación de dopamina, que llega al cerebro causando un efecto de tranquilidad, bienestar y placer en el fumador, dominando así su voluntad.

Cuando el fumador se encuentra en su periodo de abstinencia, por falta de nicotina, el cerebro comienza a pedir el «alimento» al que estaba acostumbrado y en ese momento es cuando el fumador suele comenzar a autoengañarse para justificar su consumo de nicotina nuevamente y puede presentar una recaída.

Después de unos días, meses o incluso después de uno o dos años de haber apagado el último cigarro, el exfumador puede presentar crisis o ansias intensas por fumar y las podrá identificar fácilmente sintiendo una especie de patada en el estómago, acompañada de sudoración, excesiva ansiedad, frustración y depresión. Las crisis se definen como constantes detonantes mentales y deseos por volver a encender un cigarrillo.

Estas crisis pueden aparecer de la nada, ya sea por ver a otros fumadores, por estrés, por presentar algún problema o por ingerir alcohol. Debes tener presente que pueden llegar cuando menos te lo esperes.

Las crisis duran solo un instante. Si el exfumador le da fuerza al pensamiento de querer fumar, se puede volver a enganchar y recaer.

Trabaja tu mente inmediatamente, te aseguro que, a lo mucho, son de 30 a 60 segundos y se disipará el deseo de fumar. Varía, ya que, si la crisis es ligera, a lo mucho tiene una duración de 30 segundos, pero si es una crisis fuerte, puede durar hasta 60 segundos.

Como ya he comentado antes, dejar de fumar es ridículamente sencillo, lo importante es no bajar la guardia, no desistir, no aflojar cuando se presenten las crisis de exfumador o las ansias por fumar.

Una de las causas por las que el exfumador recae es por aplicar la fuerza de voluntad. Como ya dije anteriormente, eso conlleva a hacer un sacrificio. Ese estado creará en él frustración, depresión, sentir que se está privando del placer de fumar o que está sufriendo. Ese sentimiento lo deprimirá, se sentirá mal y hará uso nuevamente del tabaco para regresar al estado de bienestar que supuestamente este le brindaba.

Conservar la alegría y la felicidad de ser un exfumador conllevará a un estado de ánimo en el que el exadicto, en lugar de sentir que está haciendo un sacrificio, sienta que se está liberando de su peor enemigo.

Utilizar afirmaciones como: «Me siento feliz, me siento de maravilla por haber dejado de fumar, no lo necesito, no me hace falta, no se me antoja, podría fumar, pero ya no quiero», etcétera, lo ayudarán enormemente a dejar de fumar, feliz y placenteramente y de manera definitiva.

Si dejaste de fumar, puedes recaer si no te mentalizas correctamente o si continúas pensando que te hace falta el cigarro cuando:

- Tomas la copa o el café acostumbrado.
- Tienes un problema, tensión o estrés.
- Ves fumar a otros.

El alegre exfumador percibe al cigarro como algo inútil. El fumador lo concibe como su apoyo y placer.

Cambia tu forma de ver las cosas y cambiarán las cosas que ves. Si continúas haciendo lo mismo, seguirás obteniendo lo mismo. Para empezar a ver cambios en tu exterior, entorno o vida, deberás empezar a hacer cambios en tu interior.

Un optimista se esfuerza, un pesimista pierde la batalla antes de que comience.

La mente puede hacer un infierno del paraíso o un paraíso del infierno. Es decisión personal usar nuestra mente como una planta nuclear y llenarnos de energía positiva o como una bomba atómica que puede destruir todo a nuestro alcance.

Debemos expandir nuestra visión y ver todavía más lejos. Solo con una visión amplia podremos comenzar a dejar de fumar fácilmente, sin barreras que obstaculicen nuestro objetivo.

Para evitar recaídas

Dios te puso un ser humano a cargo, y eres tú mismo.
A ti debes hacerte libre y feliz, después podrás compartir
la vida verdadera con los demás.

FACUNDO CABRAL

- No compres cigarros.
- No busques cigarros.
- No pidas cigarros.
- No aceptes cigarros.

Lo peor de fumar es la forma en la que engañas a tu mente buscando cualquier excusa razonable para seguir fumando y justificar tu adicción.

¡NO TE ENGAÑES!

Tu cerebro está comenzando a transformar viejos pensamientos en nuevos. Si alimentas la duda en tu cerebro, este es capaz de tomar el control sobre ti, aunque sea solo por un momento, y convencerte para que fumes nuevamente, y una vez que hayas metido nicotina en el cuerpo, tendrás que iniciar otra vez.

Evita la trampa de la autocompasión. Si empezamos a sentir lástima por nosotros mismos, nuestras mentes nos dirán que nos merecemos un cigarrillo para sentirnos mejor.

Cualquier cosa que establezcamos en nuestro inconsciente y alimentemos con repetición y entusiasmo, llegará a ser una realidad, porque, como expliqué previamente, en 21 días se pueden cambiar los hábitos si nos lo proponemos.

Reprogramación mental

Es como desinstalar los programas que te perjudican y reinstalar unos nuevos que te beneficien. Esta gran computadora es tu mente.

En lo que se refiere a la adicción física y mental, la mente es la herramienta más poderosa con la que cuenta el ser humano y es capaz inclusive de modificar, y con ello mejorar, el funcionamiento de todos los órganos del cuerpo y de acelerar significativamente cualquier proceso normal del organismo.

Mediante esta herramienta se puede acelerar el proceso del cerebro para generar por sí mismo la dopamina y la noradrenalina que necesita cuando la persona deja de fumar, y que antes era estimulada por el consumo de nicotina.

La mente no solo funciona para deshabilitar las creencias y los patrones negativos relacionados con el hábito de fumar, sino también para evitar el tan temido síndrome de abstinencia, desinstalando totalmente la adicción, al tiempo que ayuda a mejorar significativamente todas y cada una de las funciones del organismo, acelerando también el proceso de eliminación de la nicotina.

Como ya mencioné, la mejor arma para combatir las ganas de fumar es la mente.

Dejar de fumar es como aprender matemáticas. A algunos les resulta fácil y divertido aprenderlas, porque lo ven como un juego o un desafío. A otros les resulta totalmente difícil, incluso es su dolor de cabeza, porque la perspectiva, de acuerdo a su programación mental, es diferente en cada uno.

Reprogramar en PNL significa cambiar pensamientos dañinos por pensamientos positivos. Para ello, se llevará un tiempo.

Como ejemplo pondré el cambio de contraseña en tu correo electrónico o cuenta de Facebook. Cuando iniciamos sesión la escribimos automáticamente, pero ¿qué sucede cuando la cambiamos? Los primeros días nos equivocaremos y pondremos la contraseña anterior, pero al cabo de unos quince o veinte días, no titubearemos al escribir la nueva clave y lo haremos otra vez automáticamente.

Este ejemplo es una muestra clara de cómo la mente se puede reprogramar. El cerebro requiere de un lapso para hacer cambios mentales. De la misma manera, necesitará olvidar al fumador que era y creer en el nuevo alegre exfumador en el que se convirtió. Aplicar sentimientos de felicidad y pensamientos positivos será muchísimo mejor, porque le ayudará a que el proceso sea más rápido.

En las primeras 72 horas de haber apagado el último cigarro, el exfumador tendrá constantes detonantes mentales como:

- Quiero un cigarro.
- Se me antoja un cigarro.
- Necesito un cigarro.

Estos detonantes mentales serán como una paloma aleteándole en la cabeza. Si les da fuerza y continuidad a esos pensamientos incorrectos, el exfumador puede recaer.

Por ejemplo, si piensa: «Se me antoja un cigarro», luego llegarán los autoengaños para justificar el acto de fumar y pensará: «Tengo ganas de un cigarro, si me fumo uno no pasa nada, igual y nada más compro una cajetilla y después la regalo» o tendrá pensamientos parecidos.

Así, el exfumador con seguridad correrá a la tienda más cercana y comprará sus cigarros para retomar nuevamente su adicción.

Ahora quiero referirme al significado de la memoria de acceso inmediato y de la memoria de acceso restringido.

La memoria de acceso inmediato se localiza en aquella parte del cerebro donde quedan almacenados los datos que con más frecuencia utilizamos, como nuestro nombre, el de nuestros padres, hermanos y escuelas a las que asistimos, etcétera.

La memoria de acceso restringido está en aquella zona de nuestra mente donde también quedan almacenados, pero de manera limitada, todos aquellos datos que no volveremos a mencionar, como la información de lo que comimos hace un mes, por ejemplo.

¿Qué produce que algunos datos se almacenen en la parte accesible del cerebro, y otros emigren a la zona restringida?

El mecanismo de la repetición es lo que determinará que algunos datos se recuerden fácilmente y otros pasen al olvido, de ahí la importancia de repetir una y otra vez las ventajas y la felicidad que produce ser un alegre exfumador, a fin de ayudar a que el pensamiento de adicto, que fumaba por el placer que le causaba el cigarro, quede en el cajón de los recuerdos para siempre.

El 90% de nuestros actos son efectuados de manera inconsciente. Únicamente el 10% de ellos son generados con plena conciencia.

Un claro ejemplo sucede cuando ingresamos en un estacionamiento y nos entregan el boleto al entrar. La mayoría generalmente no recuerda en dónde guardó el comprobante. Este acto inconsciente se debe a que la atención del conductor estaba enfocada en encontrar un lugar donde situar el vehículo, mas no prestó cuidado al acto del resguardo del boleto.

Para no recaer, es muy importante siempre estar alerta y consciente de nuestros actos, es decir, tener el control de ellos, porque como he dicho, las recaídas más recurrentes son causadas por actos inconscientes, esto es, tomar un cigarro de manera automática y por inercia.

Recuerda que la mejor conversación que podemos entablar es con nosotros mismos, así que crea el hábito de repetir constantemente la felicidad que te resulta de ya no fumar más, para que esta nueva creencia se fije en tu inconsciente y pase a ser parte de tu memoria de fácil acceso.

Uno de los ejercicios mentales más efectivos que ayudarán a reformatear el disco duro de tu cerebro, será repetir diariamente por un periodo de dos años, tanto en las mañanas cuando te levantas como por las noches cuando te preparas para dormir, lo grandioso que es ya no fumar, lo maravilloso que es vivir sin la basura del cigarro y lo increíble que es volver a ser libre, ya que recordarás que todo cambio en las creencias y en los hábitos, se logran a base de la repetición.

Este decreto no tomará más de unos segundos de tu tiempo; al cabo de repetirlo día y noche, te ayudará en gran medida a cambiar tus creencias, garantizándote que, a partir de los dos años de haber dejado de fumar, tu idea con relación al tabaco estará totalmente transformada, dando por hecho que el cigarro ni te ayuda en momentos de estrés, ni es el perfecto acompañante de tu copa, ni te causa placer.

Te puedo asegurar que después de esos dos años, repitiendo este ejercicio día y noche, el cigarro no volverá a causarte la más mínima tentación y finalmente podrás decir que has dejado de fumar para siempre.

Proceso de abstinencia

*No somos responsables de la programación recibida
en nuestra infancia, pero como adultos somos ciento
por ciento responsables de arreglarla.*

KEN KEYES

Goza tu periodo de abstinencia. Abstenerse no significa sufrir, significa desechar y eliminar. Excluye felizmente todo aquello que no quieres para tu vida.

Disfruta cómo día a día desechas la nicotina de tu cuerpo y cómo cada día se va desintoxicando y purificando tu organismo. Afortunadamente la nicotina es una sustancia que sale rápidamente de tu cuerpo. ¡Disfrútalo! ¡Está ocurriendo algo maravilloso!

Probablemente la falta de nicotina creará un poco de ansiedad física. Por eso no te preocupes, no es nada que no puedas controlar. Es una especie de angustia y nerviosismo, como cuando nos excedemos en tazas de café.

Los síntomas que experimentará el fumador en su periodo de abstinencia deben ser claros para que los identifique a la perfección. De ahí dependerá su rehabilitación. Lo que el fumador siente al dejar de fumar es ANSIEDAD, ni más ni menos. Esto debe quedar clarísimo para que el fumador empiece a entender lo que está sintiendo e identifique que es parte del proceso de recuperación.

Es como esa sensación de no estar a gusto en ningún lugar, como coloquialmente decimos «No me hallo». Si estoy allá, quiero estar acá. Si estoy adentro quiero estar afuera y viceversa.

Afortunadamente, para calmar la ansiedad física el exfumador puede ayudarse tomando medicamentos elaborados a base de productos naturales que no causan efectos secundarios como la valeriana, pasiflora, tila o gotas homeopáticas de *Ignatia amara* a la 6c (a la sexta).

La homeopatía es un sistema de medicina alternativa creado en 1796 por Samuel Hahnemann basado en su doctrina de «lo similar cura lo similar»: una sustancia que cause los síntomas de una enfermedad en personas sanas curará lo similar en personas enfermas. No tiene efectos secundarios.

También es importante saber que tener una vida sexual plena y sana puede ayudarte a calmar la ansiedad, en tu proceso de abstinencia, después de haber apagado tú último cigarro.

Los beneficios del sexo en el organismo son muchos. La vida sexual permite el flujo químico de los neurotransmisores, es decir, ayuda a la liberación de las llamadas hormonas del placer como son la serotonina, la dopamina y la oxitocina, encargadas de enviar las sensaciones de felicidad, ánimo y energía, evitando así el estrés y la ansiedad. Una forma rápida de producir estas hormonas es activando la sexualidad.

El Método del Conteo

¿Qué es el Método del conteo?

El Método del Conteo es un calmante y distractor psicológico que no permite al adicto pensar en fumar cuando abandonó el consumo de nicotina.

Es una técnica 100% mental que ayuda al fumador a tranquilizar la ansiedad que se dispara después de que apagó el último cigarro.

El Método del Conteo logra cortar de raíz la agonía mental, es decir, las ganas y tentaciones por fumar, desviando la atención, favoreciendo así que el proceso de dejarlo sea más fácil y sencillo de sobrellevar.

Funciona de esta manera: cuando te lleguen las ganas de fumar, acompañadas de constantes detonantes mentales de querer encender un cigarro, después de haber apagado el último, debes inmediatamente empezar a contar del 1 al 30 o del 30 al 0 regresivamente. Te aseguro que no llegarás a 10 cuando ya se te habrán pasado las ganas de fumar y olvidarás lo que estabas pensando.

Seguramente, los tres primeros días te la pasarás contando todo el día, lo que quiere decir que estarás deteniendo los pensamientos constantes con respecto al cigarro y las ganas de fumar.

Al cabo de 72 horas notarás que ya no piensas tanto en el cigarro y que tu principal pensamiento ya no es el deseo de fumar.

Un claro ejemplo de cómo se detiene o se espanta un pensamiento es como aquel niño de apenas dos años que llora porque su mamá se fue a trabajar y de repente llega la abuela y lo distrae diciéndole que vea al payaso. Así, el niño pasa del llanto a la risa de inmediato y olvida lo que estaba pensando y sintiendo.

De la misma manera, el fumador que acaba de apagar su último cigarro debe distraer su mente, es decir, pasar de querer fumar un cigarrillo a pensar en no fumar.

Asimismo, aplicaremos el Método del Conteo cuando se presenten crisis posteriores después de haber apagado el último cigarro, que pueden aparecer al cabo de unos días, meses o incluso uno o dos años después de haber dejado de fumar, y que, además, llegan cuando el exfumador menos las espera.

Dichas crisis pueden aparecer simplemente de la nada; ya sea por presentarse un problema, por estrés, por tomar una copa o simplemente al ver a otros fumadores.

Debemos saber identificarlas perfectamente. El exfumador sentirá una patada en el estómago, aunada a inmensas ganas y deseos por fumar, acompañadas de enormes detonantes mentales de necesitar un cigarro.

Dichas crisis posteriores tienen una duración de, apenas, unos 30 a 60 segundos. Primeramente, hay que detener esos pensamientos, contar, contar, contar y respirar profundamente. Pasará en unos segundos.

No tienes más que de dos sopas: contar y detener las ganas de fumar o darles fuerza y rienda suelta a tus pensamientos con respecto a tu deseo de fumar, lo que, por consiguiente, te puede llevar a una recaída segura.

Si no detienes esos pensamientos, te puedes volver a enganchar. Por eso es importante nunca desistir, no aflojar y no bajar la guardia.

Las crisis posteriores son esporádicas, aproximadamente tres o cuatro por año durante los dos primeros años después de haber apagado el último cigarro. Luego de dos años combatiendo cada una de las crisis presentadas, el mundo puede caerse encima y en lo que menos pensará el exfumador será en necesitar un cigarro.

Como ya he dicho, cuando el exfumador presente un problema y piense que necesita un tabaco, debe tener presente que ya cuenta con un problema y al fumar tendrá uno más y así terminará con dos problemas encima.

Recuerda que todo lo aprendemos por repetición. La primera vez a nadie le gusta fumar, solo que su motivo para hacerlo le incita a repetirlo hasta que se acostumbra. Lo mismo con ciertos sabores, comidas, actitudes, etcétera.

Ahora estás usando ese mismo proceso para aprender otro hábito, pero este no es destructivo sino saludable y beneficioso para tu salud y la de los demás. Es el primer paso para recuperar tu libertad, el don más preciado del ser humano.

Repite el proceso muchas veces, hasta que se convierta en algo automático, es decir, hasta que se vuelva un pensamiento que, por repetición, se hará cada vez más fácil e inconsciente, hasta que pase a tu sistema de creencias; ese es el proceso de la mente humana: pensamiento-palabra-acción.

Si quieres, puedes. No hay nada ni nadie que te lo pueda impedir.

Zona de confort

La experiencia no es lo que te sucede,
sino lo que tú haces con lo que te sucede.

ALDOUS HUXLEY

Es el pequeño esfuerzo que se obtiene rompiendo la resistencia del cambio, de fumador a alegre exfumador y llegar a la zona de aprendizaje.

Es como estar cómodamente sentado en un confortable sillón y tener que esforzarnos para conseguir algo, por ejemplo, un vaso de agua.

Ese pequeño empujoncito nos permite salir de nuestra zona de confort y alcanzar la zona de aprendizaje. Ese pequeño esfuerzo es iniciar con el Método del Conteo en lugar de darle fuerza al deseo y a las ganas de fumar.

Esforzarse no significa sufrir. No confundamos la gimnasia con la magnesia. El atleta en una competencia se va esforzando por llegar a la meta, pero no va sufriendo.

Barreras del aprendizaje:

- La comodidad.
- El miedo a lo desconocido.
- El miedo a fracasar.

¿Qué se necesita para salir de la zona de confort?

- Vencer los miedos.
- Atreverse.
- No desistir.
- Tener claros nuestros objetivos.
- Elaborar un plan.

El exfumador puede recaer y no lograr dejar de fumar si tiene pensamientos parecidos a los que a continuación menciono:

- «Fumo porque me gusta».
- «Mi copa o mi café, sin cigarro no lo disfruto».
- «Necesito del cigarro en momentos de estrés».
- «No quiero dejar de fumar».

Con este tipo de pensamientos, dejar de fumar será un proceso inútil.

Aquellas personas que después de cinco, 10 o hasta 20 años de que apagaron su último cigarro, tienen ganas de fumar de vez en cuando, es porque aplicaron la fuerza de voluntad para dejar de hacerlo y siguen percibiendo al cigarro como un placer que se están perdiendo.

Esas personas tienen mucha tendencia a recaer, por eso, conocemos exfumadores que después de muchos años recaen.

Antes de estos ocho años que llevo invicta, yo intenté dejar de fumar durante cinco años, recaía y volvía a retomar el reto de abandonarlo, pero siempre que veía a alguien fumar me derretía por fumarme uno, porque pensaba que me estaba privando de un gran placer.

En la actualidad el cigarro es para mí peor que basura y como comprenderán nadie se puede deleitar comiendo basura.

Las recaídas llegan por la percepción equivocada que tenemos del cigarro, ya sea que lo visualicemos como deleite o como basura.

¡Tú tienes la decisión!

Momento de ansiedad por falta de nicotina

El fumador se asusta ante la sola idea de dejar de fumar, cuando realmente son solamente 72 horas las de más labor. Después de ese tiempo, mirarás hacia atrás y te darás cuenta de que era más el miedo que te impedía intentarlo, que lo que realmente era.

Cuando en el fondo el fumador no está convencido de dejar de fumar o no quiere, por lo general, en su intento de apagar su último cigarro guarda algunos de reserva por si llega a sentir ansiedad, pero esto no lo llevará a ningún éxito.

Por estas razones, es posible que el exfumador se seduzca a sí mismo para volver a fumar en el momento en el que se le presente un ataque de ansiedad. Se autoinventará mil excusas para abandonar el intento y volver a fumar, hasta que su fortaleza mental se debilite, finalmente ceda y vuelva a fumar desesperadamente sintiéndose más débil, miserable y desgraciado que antes.

Sin una decisión y convencimiento mental absoluto, sólido y tenaz, será bastante tormentoso el camino para que abandone definitivamente la adicción al tabaco y, muy probablemente, si no tenía una decisión a toda prueba y un subconsciente programado para vencer, le resultará difícil lograrlo.

En cambio, a quien le resulta fácil dejar de fumar y tiene éxito, es porque realmente está convencido de dejarlo. Quienes no lo logran se debe a que no estaban motivados del todo, sin importar que usaran todos los métodos y ayudas posibles para auxiliarlos.

Es básico tener presente que las crisis posteriores, después de haber apagado el último cigarro, irán disminuyendo día a día, pero siempre es importante estar alertas, hablarnos a nosotros mismos y no autoengañarnos. Si nos autoengañamos, con seguridad llegará la recaída.

Pensamientos como: «uno no es nada», «fumo uno hoy y mañana dejo de fumar nuevamente», «por uno no me engancho», etcétera, son detonantes para una recaída segura.

Debemos partir de que la nicotina es una droga y que tuvimos muy acostumbrado a nuestro cerebro con su dosis diaria y cada vez que venga una asociación con el cigarro, llegarán a nuestra mente las ganas de fumar, aun cuando ya hayan pasado meses, incluso dos o tres años.

De inicio tendrás que trabajar con el Método del Conteo para no recaer, incluso los primeros años. Después del segundo o tercer año llegarán asociaciones con el cigarro, pero no causarán la más mínima tentación, siempre y cuando hayas desprogramado tu mente correctamente.

El Método del Conteo se aplica desde que se apaga el último cigarro y cada vez que lleguen las crisis hasta que desaparezcan por completo. El fumador se desapega totalmente y deja de padecerlas, aproximadamente, después de 2 o 3 años de haber dejado de fumar, siempre y cuando haya cambiado su programa mental, es decir, percibir al cigarro como basura, no como un placer.

Si no modifica su forma de ver el acto de fumar y lo continúa percibiendo como un placer, del cual se está privando o perdiendo, puede recaer incluso 10, 15 o 20 años después de haber apagado su último cigarro.

Como ya te platiqué, tengo ocho años invicta y aún el olor del cigarro o ciertos momentos en los que acostumbraba fumar me remontan al cigarro, pero son pensamientos que ya no me causan la más mínima tentación, porque desprogramé perfectamente mi mente.

El éxito o fracaso estriba en cómo logras desprogramarte del cigarro. Si no lo haces correctamente y lo sigues percibiendo como un placer que te estás perdiendo, tiendes a recaer aun cuando hayan pasado uno, 10 o 20 años. Como ya comenté con anterioridad, por tal motivo es que he conocido a exfumadores que después de muchos años han recaído.

Desprogramarte totalmente significa que cuando lleves a tu mente la imagen del cigarro no te cause la más mínima tentación ni deseos por fumar.

Un ejemplo claro, para que lo comprendas mejor, es parecido a cuando un ser querido se va a vivir a un lugar lejano. De inicio el dolor es desgarrador, conforme pasan los años ese dolor va siendo aguantable, luego lo aceptamos y ya no nos causa dolor. Todo tiene una transformación y su tiempo, lo mismo pasa con el cigarro. Lo importante es no desesperarse y la mejor manera para desprogramarte más rápidamente es emitiendo pensamientos positivos.

El exfumador nunca debe confiarse y debe tener cuidado ante las futuras crisis, después de haber apagado el último cigarro. Dichas crisis se deben identificar inmediatamente, pues, como ya he comentado, sentirá una especie de patada en el estómago, sudoración, manos frías, inmensas ganas de fumar, autoengaño con pensamientos y detonantes mentales constantes de querer fumar. En ese momento es importante trabajar la mente de inmediato con el Método del Conteo y la crisis pasará rápidamente porque, afortunadamente, no durará más de 60 segundos.

Las crisis posteriores se pueden presentar durante los dos primeros años de haber apagado el último cigarro. Hay algunos exfumadores que las han presentado incluso después de tres años.

Afortunadamente, como expliqué previamente, son crisis esporádicas, pero también son momentos decisivos para el exfumador. Son solo unos segundos en los que, o saldrá librado o puede correr el riesgo de engancharse nuevamente.

Inmediatamente, en cuanto se presenten dichas crisis es importante aplicar el Método del Conteo, 1...2...3...4... hasta 30, respirar profundamente, revertir detonantes mentales de angustia por pensamientos positivos y renovados, enfatizando las ventajas y beneficios que se han obtenido al dejar de fumar.

Cuando llegue la crisis solo no fumes por ese minuto y pasará; piensa en no fumar el próximo y así evitarás fumar miles de minutos.

El exfumador debe estar alerta ante dichas crisis, ya que se pueden presentar cuando menos las espera, como el ladrón silencioso que ataca de manera inesperada. Recuerda que las crisis se pueden desencadenar por convivir en ambientes fumadores, por observar a otros fumar, al ingerir alcohol, frente a una taza de café o ante una situación de estrés y otros problemas.

¡NO AFLOJES!

¡NO DESISTAS!

¡NUNCA BAJES LA GUARDIA!

¿Ya estás convencido de dejar de fumar?

Solo existen dos días en el año en los que no se puede hacer nada.
Uno se llama ayer y otro mañana. Por lo tanto, HOY es el día ideal
para amar, crecer, hacer y, principalmente, vivir.

DALAI LAMA

Si te enfocas en hablar del problema lo agrandarás. Por el contrario, si te orientas en encontrar la solución, lo resolverás.

Descubre todo tu potencial como ser humano, porque el poder de cambiar tu vida está en tus manos. Tú eres el constructor de tu propio destino. Nunca lo sabrás hasta que no lo hayas intentado y cuando lo lleves a cabo, te darás cuenta de cuán fuerte y poderoso eres.

La clave, para que resulte fácil dejar de fumar, estriba en estar totalmente convencido y decidido en lograrlo. Si el proceso resulta difícil, es porque en el fondo el fumador no lo estaba.

Las palabras tienen su efecto mágico, son como una varita milagrosa que te brinda lo que pides. Ten cuidado al usarlas, porque pueden modificar tu bioquímica y tus sensaciones físicas.

Cada individuo piensa de acuerdo a sus sensaciones y siente de acuerdo a sus pensamientos, de ahí la importancia de crear pensamientos óptimos y positivos.

No tengas miedo ni te sientas solo por dejar de fumar; el miedo y la soledad son solamente estados mentales.

¡Vamos, si yo pude dejar de fumar, tú también puedes!

Preguntas frecuentes

▶ **¿Sirven los parches de nicotina o cualquier otro producto que contenga nicotina para dejar de fumar?**

Utilizar los parches de nicotina significa que aún no has dejado de fumar. Lo único que lograrás será no administrar humo a tus pulmones, pero la nicotina (la droga y componente principal del tabaco, sustancia alcaloide venenosa, excesivamente adictiva) seguirá activa en tu organismo, manteniendo latente tu adicción.

La clave para dejar de fumar es romper con la adicción a la nicotina, no cambiar la forma de consumo.

Si utilizas parches de nicotina o cualquier otro producto milagro para dejar de fumar, elaborado a base de esta sustancia, no estarás terminando con tu adicción, partiendo de que esta es más mental que física, así que, para ganarle la batalla al tabaquismo, tu mente será tu mejor aliado.

Continuar suministrando este componente a tu cuerpo a través de parches, gomas de mascar o cualquier otro producto que la contenga, sería como inyectarle a un alcohólico dosis pequeñas de alcohol; no lo bebe, pero lo recibe en otra forma de suministro.

Por otro lado, en algún momento tendrás que suspender y dejar de usar los parches e inevitablemente tendrás que iniciar con la abstinencia mental. ¿Por qué postergarla si la puedes iniciar desde ahora?

Aunque está comprobado que la nicotina se elimina del organismo en un periodo de 21 a 30 días, aproximadamente, son solamente 72 horas las de más labor contra la ansiedad por falta de dicha sustancia, que con optimismo y el Método del Conteo te prometo que será casi imperceptible.

¡Anímate a dejar de fumar! Simplemente se trata de cambiar tu chip mental con actitud positiva.

No tengas miedo de suspender tu dosis de nicotina; el león no es como lo pintan. ¡No sabrás cuán fácil es hasta que no lo hayas experimentado!

► **¿Cómo se refleja la ansiedad después de haber apagado el último cigarro?**

Se refleja con pensamientos obsesivos, impulsos o imágenes que aparecen en tu cabeza relacionados con el deseo de fumar. Con acciones repetitivas por adquirir la sustancia tóxica (nicotina) con el fin de consumirla.

La ansiedad se produce porque el cerebro interpreta que se avecina un peligro, a través de tus pensamientos. Si piensas que dejar de fumar te creará tensión y angustia, tu cerebro interpretará que es verdad e inmediatamente te enviará síntomas de ansiedad.

El problema está en que algunos de los pensamientos que tienes los generas de tal manera, que tu cerebro interpreta cosas que no son reales. Si mi cerebro se cree que algo grave va a ocurrir, pone en marcha mecanismos de defensa (la ansiedad). Este pensamiento desencadenante del proceso de ansiedad puede ser una imagen mental. El secreto está en saber cambiar la interpretación que el cerebro hace de estas ideas.

La ansiedad sería el equivalente a sentir una piedrita en el zapato, sufrir molestia y percibir que algo no está bien en nuestro organismo y nos incomoda.

► **¿Cuál es entonces el proceso de la ansiedad y cómo puedo detenerla?**

Un estímulo produce un pensamiento y este abre una ruta neurológica que crea un estado interior, como pensar: «me siento bien, me siento mal, me siento triste, me siento agobiado», etcétera, asociado a sensaciones como sudoración, taquicardias, palpitaciones, un nudo en el estómago, falta de aire, falta de memoria, etcétera. A su vez, estas provocan una conducta como: fumo o no fumo.

Si desviamos (cambiamos o modificamos) la programación de un pensamiento, se dirigirá hacia otro estado interior, hacia otra sensación y, como consecuencia, hacia otra conducta.

Por eso el Método del Conteo es tan efectivo y rápido en sus resultados, porque rompemos la cadena desde sus inicios y trabaja como distractor, bloqueador y calmante psicológico para sobrellevar la ansiedad por la falta de nicotina.

► **¿Cómo se manifiesta el efecto de la nicotina en el fumador?**

Al inhalar, el humo hace llegar la nicotina a nuestro cerebro y al torrente sanguíneo en muy poco tiempo (7 segundos), lo que causa cambios en el cerebro que inducen a un estado de ánimo eufórico para el fumador. Cuando una persona fuma e inhala la nicotina, es lanzada una sustancia química en el cerebro llamada dopamina que produce sensaciones de placer y de satisfacción, con lo que se cree equivocadamente que «fumar me hace sentir bien». Estas sensaciones placenteras hacen al fumador querer utilizarla cada vez más.

Dicho de otro modo: al final nuestro organismo se habitúa a niveles muy altos de dopamina. Si se deja de fumar durante unas horas, esta sustancia baja a niveles normales, solo que lo que es normal para un no fumador no lo es para un fumador acostumbrado a recompensas químicas mayores.

Nuestro cerebro ha sido malacostumbrado de manera parecida a como se maleduca a un niño. Un niño malcriado protestará cuando se vea obligado a vivir como el resto de los niños bien educados. Nuestro cerebro protesta también cuando se le obliga a disfrutar de dosis normales de dopamina.

Al encender un cigarrillo, el fumador también libera adrenalina más de lo normal, razón por la cual se siente más eufórico. También es la es razón por la que la mayoría de los fumadores viven con estrés y las manos frías.

Sin embargo, un **exceso de adrenalina** tiene grandes daños para nuestro organismo. Los desajustes al alza en sus niveles pueden incrementar la frecuencia cardíaca, generar hipertensión, dolor de cabeza, aumento de la temperatura y síntomas asociados a los desórdenes de ansiedad o estrés crónico.

El ciclo se repite con cada cigarro que fuma: aumentan los niveles de dopamina y adrenalina, y al dejar de fumar bajan a niveles normales, causando ansiedad y le provoca nuevamente la sensación de «Se me antoja fumar» y el ciclo se repite. Fumando no calmamos el estrés, solo lo empeoramos.

Cabe mencionar que algunos fumadores argumentan que ya no les gusta el sabor del cigarro, incluso sienten náuseas, pero no comprenden por qué siguen fumando.

Es muy sencillo, aunque no les guste ni disfruten el sabor del cigarrillo, su efecto sí les agrada. Como comenté anteriormente, la nicotina llega al cerebro liberando dopamina que le causa una sensación de bienestar, deleite y placer.

No te engañes. ¿Crees que el heroinómano disfruta inyectarse las venas? Lo que disfruta es su efecto. La única droga disfrazada es el alcohol. La trampa en el alcohol es mucho más fuerte. Conduce a la persona hacia la adicción a través del buen gusto. Se engancha primeramente al sabor y después, desgraciadamente, a su efecto.

Cuando la persona se encuentra envuelta en un problema de alcoholismo, definitivamente descarta el sabor, importándole únicamente el efecto. Es cuando el alcohólico puede llegar a consumir directamente alcohol puro o cualquier bebida incluso adulterada.

► **¿Por qué la recomendación de pensar positivamente cuando se apaga el último cigarro?**

Al inclinarnos por el lado negativo, las vibras que recibimos son densas, oscuras, turbias y pesadas, que impedirán el proceso de dejar de fumar.

Al pensar positivamente nos encontraremos con vibras ligeras, armoniosas, llenas de luz que liberarán al fumador de su agonía, convirtiéndolo en un alegre exfumador.

Se ha comprobado que la química cerebral se puede modificar con pensamientos positivos, es decir, favorecen la liberación de endorfinas y dopamina creando un panorama favorable para la rehabilitación del adicto a la nicotina.

¿Cómo hacerlo? Desprogramando antiguas y negativas creencias, sustituyéndolas por nuevas, renovadas y sanas programaciones.

► **¿Bajarle al consumo del cigarrillo es un método efectivo para dejar de fumar?**

Con bajar el consumo diario de cigarrillos no has empezado a dejar de fumar. Hay infinidad de fumadores que lo consideran un logro y no es así, porque al cabo de unos días vuelven a su ritmo de consumo acostumbrado.

Si el tiempo entre un cigarro y otro es prolongado, la espera será mayor y el fumador tendrá que aguantar más las ganas de fumar.

Con aguantar y resistir solo conseguirá sufrir y sufriendo jamás podrá lograr dejar de fumar, porque en ese momento el cigarro adquiere mayor valor.

Para no recaer, el fumador debe aprender a percibir al cigarro como lo que es: «basura».

Todo depende del cristal con que se mire… Para el alegre exfumador el cigarrillo es totalmente innecesario. Para el fumador, el cigarrillo es un placer y de esta manera es muy difícil que deje su adicción.

La tendencia de consumo de toda droga, en este caso nicotina, es ir a más no a menos. Si recordamos, iniciamos nuestra adicción con un cigarro y terminamos con 20 o más al día.

Bajar el consumo de cigarrillos diarios es un método fallido que todos los fumadores aplicamos infinidad de veces para dejar de fumar y, lo peor del caso, es que podemos pasar toda una vida tratando de bajar el consumo y morir desafortunadamente en el intento a consecuencia del tabaquismo.

Los primeros días podrá funcionar, pero al cabo de unos cuantos días más, el fumador vuelve a su ritmo de consumo acostumbrado. Si este método funcionara, dejaría de fumar y las estadísticas demuestran lo contrario. Entre menos fumes te amarrarás más. La espera ocasionará que ese cigarro tan ansiado y esperado sepa a gloria.

Tratar de utilizar el método de bajarle al cigarrillo es autoengañarse. Lo que se requiere para dejar de fumar es dejarlo del todo. Créeme que es más fácil y menos doloroso.

▶ **¿Se recomienda cambiar rutinas, evitar a los fumadores y todo lo que se asocie con fumar?**

¡NO! Algunas personas aconsejan que los exfumadores deberían cambiar sus rutinas y dejar de hacer lo que acostumbraban y que los asociaba con el cigarro. Como decimos: «¡A lo hecho, pecho!».

Mientras más rápido te enfrentes a tu vida cotidiana, mejor será y tendrás menos riesgos de recaer.

Solo es cuestión de pensar correctamente, valorar los beneficios y ventajas que estamos adquiriendo con dejar de fumar y por supuesto no envidiar a los fumadores ni perder el sentimiento de euforia y el entusiasmo.

El éxito del Método para Dejar de Fumar con PNL de forma fácil, estriba en nunca perder el entusiasmo que se adquirió con la lectura de este libro.

Cuando el exfumador baja la guardia, desiste y afloja, indefectiblemente llega la recaída.

No te predispongas a las recaídas aislándote del mundo y de la vida cotidiana. Si consideras que ir a comprarle cigarros a tu pareja o esposo te pone en tentación, así será. Por otro lado, si te mentalizas a que no te causará la más mínima incitación, así será también.

▶ **¿Cómo se puede definir una recaída?**

Aunque se puede considerar que las recaídas son un proceso normal en la restauración de la mente del adicto y son parte de la fase de recuperación, es importante evitarlas al máximo, porque pueden volverse recurrentes y convertirse en hábitos. Por eso es común saber de personas que recaen justo cada determinado tiempo.

Recaer no significa que el Método para Dejar de Fumar no funcione ni que el adicto no lo entienda. Recaer es retornar patrones de pensamientos obsesivos con respecto al consumo de nicotina, y la idea de fumar nuevamente, aunado a descuidar el plan de recuperación.

► **¿Puedo recaer después de varios años de haber dejado de fumar?**

Si no erradicamos de raíz el concepto de que el cigarro es un placer que se está perdiendo, privando o echando de menos, el exfumador podrá recaer, aun después de haber dejado de fumar luego de muchos años.

Si sigue considerando que el cigarro lo ayuda en momentos de estrés, tristeza, ira, coraje e incertidumbre y piensa que ha tenido que aguantar y resistir para no fumar un cigarro, en lugar de sentirse liberado por haber dejado el hábito y aún lo considera como su fiel compañero, confidente y cómplice, que está en las buenas y en las malas, el exfumador puede recaer cuando se encuentre ante una problemática o situación tentadora y la utilizará de pretexto para volver a su adicción.

Borra de tu mente cada una de esas excusas, ideas y temores acerca de que dejar de fumar es difícil e imposible.

Es común que estas situaciones tentadoras aparezcan cuando el exadicto, a pesar de haber dejado de fumar durante varios años, se da cuenta de que no ha atacado el problema de fondo; es decir, no se ha desprendido de todas esas falacias, engaños y conceptos erróneos y sigue considerando al cigarrillo como un placer, un deleite, un apoyo y su mayor satisfacción.

Cuando un exfumador recae, después de varios años, es muy común que la recaída sea más fuerte y se vea reflejado en el aumento del consumo.

Primeramente, recomiendo guardar la calma y retomar el plan de recuperación, es decir, leer nuevamente este libro.

► **¿Cuánto duran las crisis o las ganas de fumar después de haber apagado el último cigarro?**

Estas ganas de fumar, que representan una necesidad física de tomar nicotina, dura unos segundos solamente, a lo mucho 60 segundos. Es importante que las controles lo antes posible para que desaparezcan rápidamente. Después de las primeras semanas, cada vez serán menos frecuentes, más espaciadas entre una y otra e irán desapareciendo.

Piensa que son solo unos segundos y no te preocupes si aparecen incluso semanas después de haber dejado de fumar, es normal. Cada vez que aparezcan piensa en todas las veces anteriores que ya las has superado, en los beneficios y las ventajas, llénate de pensamientos positivos.

Emplear el Método del Conteo te ayudará a que las crisis sean cada vez menores. Si no lo aplicas, entonces tendrás que hacer uso del autocontrol, aguantar, resistir y utilizar la fuerza de voluntad, lo que ya expliqué que no funciona o tiene muy pocas posibilidades de éxito.

Al aplicar el Método del Conteo evitarás las recaídas, porque como ya mencioné anteriormente, tiene la finalidad de bloquear todo pensamiento. Si lo aplicas en momentos de tentación, no dará entrada a otros pensamientos, porque no puedes pensar dos cosas al mismo tiempo, es decir, o cuentas o piensas en fumar.

En caso contrario, si no lo empleas, darás rienda suelta a las ganas de fumar y sufrirás más. Recuerda que la abstinencia a la nicotina es casi 90% mental y 10% física. Las drogas crean adictos mentales, más que adictos físicos.

Una dosis diaria de pensamientos positivos va a mantener a tu corazón alegre y facilitará tu proceso de dejar de fumar.

Como ya he dicho, una táctica para manejar la ansiedad consiste en reemplazar los pensamientos de preocupación por otros placenteros; no enfocarse en el lado negativo, sino aprender a revertir las ideas pesimistas por positivas y alentadoras; pues se ha comprobado que la química cerebral se puede modificar con este tipo de frases.

▶ **¿Cuándo desaparecen las ganas y las tentaciones por fumar?**

Repito, si practicas el Método del Conteo cada vez que vengan las ganas de fumar, las tentaciones serán cada día más espaciadas. De otra manera trabajarás más aguantando y resistiendo para no caer en la tentación. Las crisis suelen aparecer hasta después de dos años de haber apagado el último cigarro, por eso la importancia de aplicar el Método del Conteo.

▶ **¿Cuánto tiempo permanece el tabaco en el sistema humano?**

De acuerdo a investigaciones del Instituto Nacional de Abuso de Drogas (NIDA), a pesar de que la mayor parte de la nicotina que se consume (90% aproximadamente) es rápidamente asimilada por tu hígado y posteriormente desechada por tus riñones, el sobrante que no es eliminado permanece en tu torrente sanguíneo aun después de seis u ocho horas de haber fumado. Por lo tanto, la cantidad de tiempo que la nicotina permanece en tu cuerpo depende de qué cantidad de dicha sustancia tengas en tu sistema, lo que va relacionado con la cantidad de cigarros que fumes al día.

Si eres un fumador ocasional (alguien que fuma menos de diez cigarros al día) muy probablemente llevará pocos días para que elimines la nicotina de tu cuerpo. Sin embargo, en un fumador empedernido o compulsivo (más de una cajetilla por día), los rastros de nicotina pueden permanecer en su torrente sanguíneo hasta por 30 días después de haber fumado, eso considerando que dejara de fumar completamente.

▶ ¿Es recomendable utilizar Champix® (Vareniclina) para dejar de fumar?

El uso y la prescripción generalizada de algunos medicamentos para dejar de fumar, en muchos casos, pueden traer más problemas que soluciones. Se ha descubierto que la droga conocida como vareniclina (y comercializada bajo el nombre de Champix®) puede traer algunos problemas de salud que no fueron detectados al momento del lanzamiento de este remedio para dejar de fumar.

Después de efectuar un estudio controlado en más de 8.000 personas, sin problemas cardiacos, la Canadian Medical Association (CAM) demostró que tomar Champix® aumentaba los riesgos de sufrir accidentes cardiovasculares en un 72%. Además, este medicamento también se vio asociado a diversos problemas psicológicos.

Según algunas autoridades en la medicina, a nivel internacional, el Champix® es un medicamento para dejar de fumar del que ya se habían reportado numerosos efectos secundarios sobre la salud general. Con las nuevas investigaciones, además de problemas psicológicos leves y moderados, se documentaron casos de pérdida del conocimiento, pensamientos suicidas, estados violentos, depresión y complicaciones en casos de diabetes.

También, una desventaja del uso de vareniclina es que el exfumador sustituye el efecto de la nicotina con este medicamento, sintiendo como si fumara sin hacerlo, porque con la administración de la vareniclina se elimina el periodo de abstinencia.

Debido a lo anterior, el exfumador no sabrá cómo actuar y combatir las crisis que se presenten después de haber apagado el último cigarro, desgraciadamente, al desconocer cómo atacarlas todo esfuerzo se vendrá abajo.

Para evitar las recaídas es importante que el exfumador viva el período de abstinencia después de haber apagado el último cigarro y aprenda a enfrentarlo, porque en caso contrario, no sabrá atacar las crisis que puedan presentarse hasta después de dos años de haber dejado de fumar.

▶ **¿Es recomendable el uso del cigarro electrónico como susti-tuto para dejar de fumar?**

El uso del cigarrillo electrónico perpetúa el ritual mano-boca, lo que dificultaría aún más el abandono definitivo del tabaco. Además de que ya ha sido prohibida su comercialización en varios países del mundo, con base en que han determinado que no existe evidencia suficiente para concluir que sea una ayuda eficaz para dejar de fumar, como tampoco hay pruebas suficientes que determinen que es seguro para el consumo humano.

▶ **¿Cuáles son las causas que evitan que dejes de fumar?**

Dudar y no estar convencido de dejar de fumar alimentará a tu mente adicta a desistir en tu propósito de dejar de fumar.

Una vez que te asalte la duda, tu cerebro adicto es capaz de tomar el control sobre ti, es decir, tu voluntad, aunque sea solo un instante para convencerte de que fumes un solo cigarrillo.

Una vez que metes nicotina en el cuerpo tienes que iniciar tu proceso nuevamente desde cero. Si aplicas el Método del Conteo te aseguro que no recaerás.

► **¿Cuándo podré sentirme libre de ansiedad o de la tentación por fumar?**

Aproximadamente después de dos años de haber apagado el último cigarro. Los detonantes mentales con relación al cigarro seguirán llegando, pero ya sin fuerza, sin causar la más mínima tentación o ansiedad, siempre y cuando apliques el Método del Conteo cuando se presenten las crisis y percibas al cigarro como la basura que es.

► **¿Puede ayudar la meditación a calmar la ansiedad por falta de nicotina?**

¡Claro! Meditar por lo menos 10 minutos al día te ayudará en gran medida a bajar la ansiedad que crea el periodo de abstinencia. Es importante escoger un buen lugar (un sillón cómodo), mantener la espalda erguida, los ojos cerrados, realizar respiraciones profundas y empezar a visualizar del 1 al 30 o del 30 al 0. Si aparecen pensamientos relacionados al cigarro o que obstruyan el proceso de concentración (por ejemplo, ir al supermercado o la entrega de un trabajo importante a tu jefe) no debemos rechazarlos, simplemente hay que dejarlos fluir. De esta manera lograremos llegar al punto de relajación total.

La fuerza del verbo es la manifestación total del pensamiento

Tu vida no está determinada por lo que la vida te da, sino por la actitud que tienes ante la vida. No tanto por lo que te pasa, sino por la manera en que tu mente ve lo que pasa.

KHALIL GIBRAN

Tu mente es la herramienta más poderosa que tienes, pero depende de ti la forma como la utilices. La puedes usar para atraer pensamientos destructivos, para sufrir, para limitarte, para atormentarte o para liberarte y alcanzar el éxito, aun en las situaciones más difíciles.

Tu problema y solución están en tu cabeza; no le des rienda suelta a tu lado negativo, porque el poder de cambiar tu vida está en tus manos.

Después de unos días de haber apagado el último cigarro, nuestro inconsciente empieza a retarnos como para averiguar qué tan fuertes somos. Empezamos a dudar de las ventajas y beneficios que hemos obtenido al dejar de fumar y es cuando comenzamos a negociar con nosotros mismos y a hacer pactos engañosos con tal de justificar nuestra adicción. Empezamos con pensamientos justificativos como: «Yo sí puedo controlar fumarme solo uno», «por uno no me vuelvo a enganchar y no pasará nada», etcétera. A eso se le llama autoengaño para justificar tu adicción.

Jamás le ganaremos a las drogas, no las retes, jamás las derrotarás. Iniciamos nuestra vida de fumadores con un cigarro y terminamos con 20 o 40 al día.

Empieza a percibir al cigarro como la basura que es y te prometo que no lucharás contra él, por el contrario, si lo continúas viendo como un placer que te estás perdiendo, tienes tendencia a recaer o bien a aplicar la fuerza de voluntad toda tu vida, que es lo mismo que aguantar y resistir el resto que te quede por vivir.

No te inclines a lo fácil y a continuar en tu zona de confort, que sería dejarte llevar por tu autoengaño y fumar. Haz un esfuerzo e inicia el Método del Conteo y te aseguro que el deseo y las ganas por fumar desaparecerán en unos segundos.

De inicio, contar te puede representar un esfuerzo, pero después se hará tu hábito y será cuando tú tendrás el control sobre el tabaco.

Es importante que creas en ti y que sepas que eres capaz de dejar de fumar; a base de repeticiones lograrás cambiar tus creencias y por ende transformarás tus hábitos. Si otros han logrado dejar de fumar, tú también podrás.

Si todos somos iguales cerebralmente, por qué entonces somos tan distintos unos de otros. La diferencia en cada uno está basada en la interpretación que cada quien le da a los sucesos.

Por estas diferencias es que a unos les resulta ridículamente sencillo dejar de fumar y a otros definitivamente les parece imposible.

Por otro lado, es importante conocer que el cerebro no cumple órdenes. Por ejemplo, si le ordenas a un niño que no brinque sobre la cama, inmediatamente entrará en rebeldía y será lo primero que hará en cuanto te des la media vuelta; por eso la importancia de utilizar la psicología inversa para lograr dejar de fumar.

Si nos ordenamos no fumar, el cerebro lo tomará como una indicación de «fuma», porque no acepta la negativa, ni cumple órdenes. Ahí la importancia de saber llegar al inconsciente con tonos adecuados. Igualmente sucede con los animales, por ejemplo, los perros moverán la cola de gusto o se retirarán asustados dependiendo del tono en el que les hables, sin importar el mensaje.

Asimismo, el cerebro sigue indicaciones (no órdenes) y da por hecho la primera información que recibe, es por esto que el fumador piensa que el cigarro lo relaja, lo tranquiliza, lo ayuda en momentos de estrés y fuma por el sabor, porque fue el primer mensaje que recibió de la mercadotecnia, de la publicidad y de la sociedad y lo dio como un hecho, cuando en realidad el cigarro ni relaja ni tranquiliza y sabe feo. Por eso otros no se engancharon al cigarro, porque se dieron cuenta de la trampa, pero el cerebro del adicto a la nicotina siguió las indicaciones a través de la sugestión publicitaria y se dejó persuadir.

Como ya he comentado, los mensajes quedan grabados en la memoria mediante una constante repetición, así que triplica este proceso cuantas veces sean necesarias, hasta que el pensamiento de no querer fumar más se convierta en algo automático, es decir, que pase a tu sistema de creencias. Empezará en el pensamiento, después pasará a ser tu palabra, convirtiéndose en tu acción y finalmente en tu forma de conducta y nuevo hábito.

Si quieres, puedes. No hay nada ni nadie que te lo pueda impedir.

Es importante enfatizar que el cerebro no distingue entre realidad y fantasía. Imaginar que comes lo que más te gusta te llevará a segregar saliva. Ese es el gran poder de la mente que puedes utilizar para terminar con tu adicción al tabaquismo.

Para evitar las recaídas es importante ser consciente de nuestros pensamientos, es decir, tener el control de ellos a través de la disciplina mental. Un solo pensamiento puede hacer la diferencia entre fracasar o tener éxito.

Si tienes miedo de no poder dejar de fumar, te asaltará la duda e impedirá que lo logres. Aquí es cuando las recaídas pueden aparecer una tras otra. Piensa que lo lograrás, aunque de inicio no lo creas.

Requieres tener seguridad y confianza, y no dudar de que lo lograrás para que tu cerebro lo asimile como tal. Con dudas le mandarás detonantes mentales de tentación.

Te ha engañado la publicidad, te ha engañado la mercadotecnia, te ha engañado la historia, te ha engañado la sociedad, te han engañado tus padres, entonces, ahora engáñate tú y créete que podrás lograr dejar de fumar para siempre.

Posiblemente al principio tu cerebro no acepte tus nuevas programaciones y «autoengaños positivos», pero a base de repeticiones y pensamientos óptimos, llegará a ser tu realidad.

Busca los momentos, no esperes a que el momento te agarre en frío. Si te programas para enfrentarte a los fumadores para tomar una copa sin necesidad de fumar, no te tomarán por sorpresa, porque una de las recaídas más frecuentes es cuando el exfumador toma por inercia un cigarro que le han ofrecido. Cuando menos lo espera se ve ante una situación tentadora con un cigarro en la boca, suministrándole nicotina a su organismo, ahí es cuando empiezan los autoengaños negativos para justificar su adicción y el acto de fumar nuevamente.

No olvides cambiar el reloj de mano, eso te recordará que ya no fumas.

Tipos de exfumadores

Cuando una persona deja de fumar se convierte en uno de estos dos tipos de exfumadores:

- LOS ALEGRES EXFUMADORES: Son aquellos que al poco tiempo de dejar de fumar se sienten como si nunca hubieran fumado y se despiden del tabaco de manera definitiva. Cada vez que ven cualquier cosa relacionada con el tabaco se sienten aliviados por haberse liberado de la atadura del cigarro. Nunca sienten haber realizado un sacrificio ni sienten envidia de los fumadores ni añoran los años en los que ellos mismos eran fumadores; perciben al cigarro como la basura que es. Estas personas nunca temen una recaída porque han tomado una decisión firme de evitar el tabaco. No se prohíben el cigarro porque ven el no fumar como una liberación. Es igual a decir o pensar «NO puedo fumar» o «NO debo fumar», sino «PODRÍA FUMAR, PERO YA NO QUIERO». Por consiguiente, no recaen. Nunca se les ocurre probar el tabaco, no por el temor a engancharse sino porque no quieren y lo perciben como una verdadera porquería.

- LOS EXFUMADORES INFELICES: Su autocontrol les ayuda a alejarse del tabaco. Son aquellos que dejan de fumar, pero añoran el tabaco y sienten que se están perdiendo de un gran placer. Piensan constantemente en fumar y envidian a los fumadores. Le hacen la vida imposible a los demás porque se ponen irritables. Son los que dicen «llevo tres días aguantando». Mi pregunta es: «¿Hasta cuándo vas a aguantar?». No te extrañe que esta categoría de personas sean aquellas quienes sufran las recaídas.

Tú tienes la opción.

¿A qué categoría quieres pertenecer? ¿A Alegre exfumador o Exfumador infeliz?

¿Ya estás decidido a terminar con la adicción a la nicotina?

La disciplina es el puente para lograr dejar de fumar.

MARIBEL GÓMEZ

¡Primeramente felicidades por tu decisión! Sin duda será la mejor decisión que habrás tomado en tu vida. Al apagar tu último cigarro, iniciarás un periodo de abstinencia. Gózalo. Abstenerse no significa sufrir, significa desechar y eliminar, pues vas a deshacerte de todo aquello que no quieres para tu vida. Deséchalo felizmente. Disfruta cómo día a día expulsas la nicotina de tu cuerpo y cómo vas desintoxicando y purificando tu organismo. Afortunadamente la nicotina es una sustancia que sale rápidamente de tu cuerpo. ¡Disfrútalo, está ocurriendo algo maravilloso!

Probablemente la falta de nicotina te creará un poco de ansiedad física. Por eso no te preocupes. Como ya he dicho, y lo vuelvo a repetir, no es nada que no puedas controlar. Es una especie de ansiedad parecida a como cuando nos excedemos en tomar tazas de café. Tal vez aparecerá esa sensación de no estar a gusto en ningún lugar.

Afortunadamente, como te lo recomendé anteriormente, para la ansiedad física, el exfumador puede ayudarse tomando valeriana, pasiflora, tila o gotas homeopáticas de *Ignatia* a la 6c.

Con respecto a la ansiedad mental, para lograr evadir esas ganas de fumar, debemos evitar pensar en todo lo relacionado al cigarro, y para eso vamos a reprogramarnos completamente.

Cuando la mente no piensa, no produce ningún pensamiento ni bueno ni malo. Para que la abstinencia mental sea fácil de sobrellevar y casi imperceptible, debemos tranquilizar nuestra mente, distraerla con relación al cigarro y las ganas de fumar ¿Cómo? Como ya he dicho, con el Método del Conteo, es decir, aplicando ejercicio mental.

Podrá parecer un ejercicio tonto e inútil, pero es muy efectivo. Quien no deja de fumar es porque no tiene el verdadero deseo de dejar el hábito o porque no ejercitó su mente con gimnasia mental y se inclinó por dejarse llevar por patrones de pensamientos antiguos de fumador y por darle fuerza al deseo de fumar.

¿Qué hacer en momentos de crisis?

1. Inmediatamente aplica el Método del Conteo hasta que pase la ansiedad.

2. Respira profundamente en 8 segundos, retén el aire 8 segundos y expúlsalo en 8 segundos.

3. Toma inmediatamente un vaso de agua helada, te calmará la ansiedad.

4. Pellizca o golpea fuerte alguna parte de tu cuerpo. Así rompes la ansiedad y el deseo de fumar.

5. Toma un ansiolítico natural, ya sea valeriana, tila, pasiflora, gotas homeopáticas de *Ignatia* a la 6c o el de tu preferencia.

6. Si quieres fumar por sentirte estresado o porque estás ante un problema, recuerda que encender un cigarro no soluciona nada, lo empeora. Si fumas porque se te presenta un problema, al fumar tendrás dos.

7. Enfócate en las ventajas de dejar de fumar, piensa en lo maravilloso que es regresar a tu naturaleza, revierte pensamientos negativos por positivos.

8. Lee el libro periódicamente, es muy ligero y de fácil lectura, te servirá de refuerzo para no recaer. Fórmate el hábito de releerlo por lo menos hasta después de los dos años de haber apagado tu último cigarro; será tu mejor seguro antitabaco y estarás evitando las nefastas recaídas.

Ya es el momento de terminar con nuestra agonía. Ya es tiempo de acabar con nuestras adicciones. Ya es hora de liberarnos definitivamente.

¿Ya estás preparado para fumar tu último cigarro?

La mente es muy difícil de percibir, extremadamente sutil y vuela tras sus fantasías. Una mente controlada lleva a la felicidad.

SIDDHARTHA GAUTAMA

¡Piensa y prográmate para tener éxito! ¡Piensa que será el último cigarro! ¡Debes de sentirte alegre porque estás a punto de conseguir algo maravilloso, estás a punto de ser un alegre exfumador!

Este último cigarro será diferente a todos los demás que has fumado en toda tu vida. Normalmente el adicto a la nicotina fuma en automático y piensa en todo menos en el sabor del cigarro: escuchando música, charlando, platicando, arreglando algún problema.

Ahora, ese último cigarro lo vas a fumar en un lugar donde nadie te moleste, en un sillón cómodo, con teléfonos y celulares apagados, con los ojos cerrados, consciente y pensando únicamente en cada fumada, con fumadas o jaladas fuertes que lleguen hasta lo más profundo de tu garganta; visualiza en cada fumada cómo el humo entra en tu organismo y cómo la nicotina llega a todos tus órganos, entrando por tus venas y arterias; siente el verdadero sabor del tabaco.

Mientras fumas tu último cigarro, como te acabo de explicar, sería importante que alguien de tu confianza te leyera lo siguiente o que lo grabaras para escucharlo:

- *Fúmalo conscientemente.*

- *Concéntrate en cada fumada.*

- *Siente y percibe el mal sabor y el mal olor que produce el cigarro.*

- *Nota lo fatal que sabe, lo molesto que es el humo que expulsas.*

- *Sé consciente de la asfixia que ocasiona ese cigarro que estás fumando y que le está quitando oxígeno a todos tus órganos.*

- *Concéntrate en el humo cancerígeno que está invadiendo tus pulmones y en los venenos que se acumulan en tus arterias y en tus venas.*

- *Piensa en todos los elementos cancerígenos y solventes como alquitrán, tolueno, acetona, arsénico, plomo, mercurio, DDT y por supuesto nicotina que están entrando por todo tu organismo, envenenando todo tu cuerpo, quitándote concentración y energía, dañando el único vehículo que tienes para caminar por la vida.*

- *Cuando lo apagues, piensa en lo maravilloso que va a ser no tener que volver a fumar jamás y lo grandioso que será volver a ser libre. Será como salir de un mundo oscuro y ver la luz del día.*

Si alguien lo lee mientras el fumador se fuma su último cigarro tiene mayor impacto. Son impresionantes los resultados.

Ahora, arroja la cajetilla y los cigarros sobrantes en el bote de basura.

Desechar tu tabaco es una ceremonia similar a un funeral en el que se despide de un viejo modo de vida y se abre un nuevo camino.

Jamás pierdas el entusiasmo, porque va a ser lo que te dará las fuerzas para seguir adelante en tu propósito.

AHORA PUEDES DISFRUTAR DEL RESTO DE TU VIDA COMO UN ALEGRE EXFUMADOR.

AHORA POR FIN PUEDES DECIR QUE ERES UN DICHOSO EXFUMADOR.

¡FELICIDADES!

Modelos de pensamiento

Te ayudarán a formar tus nuevas creencias para que logres dejar de fumar para siempre.

- Sustituye «no puedo cambiar» por «lo lograré».

- «Es difícil» por «resultará más fácil».

- «Extraño el cigarro» por «el tabaco ya no es parte de mi vida».

- Reemplaza la idea «me hace falta fumar» por «no lo necesito más, me siento de maravilla».

- En lugar de pensar: «Se me antoja un cigarrillo», decir: «El tabaco ya no es parte de mi vida».

- Invierte el «no debo fumar» por «ya no quiero fumar».

- Sustituir la idea de que «el cigarro es un placer» por «el cigarro es una verdadera basura, una porquería que no quiero más para mi vida».

- Suplir «necesito fumar en momentos de estrés» por «fumarme un cigarro no solucionará nada, lo agravará y será peor».

- En lugar de pensar que tomar una copa sin fumar no se disfruta, pensar que una copa sabe mejor sin fumar (lo mismo para el café).

- Cada vez que convivas con fumadores, en lugar de pensar que se te antoja el cigarro, revierte ese pensamiento por «me da pena cómo los fumadores atentan contra su vida, ¿y pensar que yo estaba igual?» No los envidies, siente piedad y compasión por ellos.

¡No olvides que eres lo que piensas!
¡Ahora serás tú el que domine tu mente y no tu mente a ti!

Oración del Exfumador

Para facilitarte el proceso de reprogramación mental diseñé la siguiente oración que a continuación comparto:

Soy alegre exfumador (a).
Me siento feliz, me siento de maravilla,
y no necesito del cigarro para vivir.
Podría fumar, pero yo he decidido
fervientemente que no quiero fumar
nunca más. De ahora en adelante puedo
disfrutar de una agradable copa ó de un
exquisito café sin necesidad de fumar.
Mis problemas no los soluciona el cigarro,
ni se arreglan fumando, al contrario,
empeoran. Ahora sé que sin fumar enfrentaré
de mejor manera el estrés, las adversidades
y las dificultades de la vida, porque soy
fuerte y nada ni nadie podrá contra mí.

"PENSANDO DIFERENTE, VIVIRÁS DIFERENTE".

Recomendaciones para no subir de peso por abandonar la nicotina

1. Trata de desayunar y cenar ligeramente. Tal vez una rica ensalada con vegetales que incluyan grasas provechosas para el organismo como aceite de oliva, porciones moderadas de aguacate, frutos secos, así como proteínas y carbohidratos. Te ayudarán a mantener la leptina (conocida también como la hormona del hambre) en niveles adecuados, enviando de esta manera señales de saciedad a tu cerebro.

2. Modera el consumo de refrescos, grasas y harinas, pues tenemos la idea equivocada de que el placer por comer implica atiborrarnos.

3. Cada bocado mastícalo de 25 a 30 veces. Así saciarás más pronto el hambre y con poco alimento tendrás la sensación de estar satisfecho. Actualmente, estudios han demostrado que comer de más puede bloquear la señal de saciedad en el cerebro, que aproximadamente llega a los 20 minutos de haber comenzado a ingerir los alimentos.

4. Te recomiendo que tomes una taza de café por las mañanas y otra por las noches. Se ha comprobado que en porciones moderadas sirve de antioxidante y calma la ansiedad, aunque no lo creas, y lo más importante: TE QUITA EL HAMBRE. Pero todo dependerá de qué tanto aceptes el café y que no te altere el sueño.

Por último, recuerda que la falta de nicotina puede provocarte un poco de ansiedad, lo que te llevará a picotear durante el día. No te preocupes, esa ansiedad pasará en un par de semanas cuando la nicotina haya salido totalmente de tu organismo.

Bibliografía y otras fuentes de consulta

LIBROS, GUÍAS Y MANUALES

CARR, Allen, *Es fácil dejar de fumar, si sabes cómo*, 1a reimpresión, México, Espasa, 2004.

ANDERE, Ruth, *Guía práctica para dejar de fumar*, 1a edición, México, Editorial Época, 2011.

ALBARRÁN GUTIÉRREZ, Pedro, *Cómo alcanzar el ÉXITO con PNL*, 1a edición, México, Editores Mexicanos Unidos, 2011.

PETERSON, Deborah, *PNL CONOCE CÓMO TE PUEDE APOYAR*, 1a reimpresión, México, Editores Mexicanos Unidos, 2012.

ROCA GAMUNDÍ, Juan Miguel, *Programa de Deshabituación Tabáquica Manual JOVE para dejar de fumar*, Islas Baleares, Consejería de Salud y Consumo Dirección General de Salud Pública y Participación Centro Coordinador de Drogodependencias, 2007.

MÁS, Salvador E., *El desafío de dejar de fumar. Una vida mejor es posible*, 1ª edición, Argentina, D + I Ediciones, 2011.

Ministerio de Sanidad y Consumo: Comité Nacional Español para la Prevención del Tabaquismo, *Se puede DEJAR de FUMAR*. Claves para conseguirlo, España, 2005.

Asociación Española Contra el Cáncer, *ESFÚMATE DEL TABACO. GUÍA PARA DEJAR DE FUMAR*, España, 2014.

ASOCIACIONES

- Organización Mundial de la Salud (OMS)
- Instituto Nacional sobre el Abuso de Drogas (NIDA)
- Asociación Médica Canadiense (CAM)
- Asociación Americana del Pulmón (ALA)
- Comisión Nacional Contra las Adicciones (CONADIC)
- Asociación Española Contra el Cáncer (AECC)

CONSULTA EN LÍNEA

- ELIAS ALOMIA, Campo (KAMPHO), *Medio Bueno o Medio Malo*
- https://books.google.com.co/?hl=es https://books.google.com.mx/books?
- https://books.google.com.mx/books?id=SU3pBgAAQBAJ&pg=PA2&lpg=PA2&dq=ELIAS+ALOMIA,+Campo+(KAMPHO),+Medio+Bueno+o+Medio+Malo,&source=bl&ots=QjDYEppyUF&sig=JWNotJEaqV2m1cihuBovJy4u2Rc&hl=es&sa=X&ved=0ahUKEwi-4P3r-6DOAhWJ4iYKHQNHBKYQ6AEIITAB#v=onepage&q=ELIAS%20ALOMIA%2C%20Campo%20(KAMPHO)%2C%20Medio%20Bueno%20o%20Medio%20Malo%2C&f=false

- MORENO, Pedro y GUTIÉRREZ, Ana, *Guía de la ansiedad,*
- http://www.infogerontologia.com/documents/patologias/ansiedad/ansiedad.pdf
- https://orientacascales.files.wordpress.com/2011/11/ansiedad2011.pdf
- http://www.who.int/es/
- http://www.conadic.salud.gob.mx/
- www.aecc.es
- http://www.psicologo-valencia.com/fumstop/historia_tabaco_8.html
- http://www.who.int/mediacentre/factsheets/fs339/es/
- http://ayayay.tv/estos-son-los-negativos-resultados-que-tienen-las-campanas-antitabaco-en-los-fumadores/#
- http://www.dejardefumar.com.ar/tests.asp?test=1
- http://www.pnl.org.mx/historia-de-la-pnl.html
- http://www.ifh.org.ar/lospensamientos
- http://www.cancer.org/espanol/salud/comomantenersealejadodeltabaco/fragmentado/pasos-para-dejar-de-fumar
- http://saludtotal.net/que-sustancias-tiene-el-cigarrillo/
- http://www.lung.org/espan
- http://www.lung.org/espanol/?referrer=https://www.google.es/
- https://es.wikipedia.org/wiki/Nicotina
- http://www.informador.com.mx/suplementos/2015/595182/6/el-cerebro-influye-en-adiccion-a-la-nicotina-psiquiatra.html
- http://www.fundacioneinstein.org/leer.php?/54/-quotTABAQUISMO-quot-Monografia
- http://elpais.com/diario/2005/05/31/salud/1117490405_850215.html

- http://www.msc.es/ciudadanos/proteccionSalud/tabaco/programaJovenes/home.html
- http://salud.ccm.net/faq/4256-los-tabacologos-no-pueden-recomendar-el-cigarrillo-electronico
- https://www.aecc.es/Paginas/PaginaPrincipal.aspx
- http://www.who.int/mediacentre/news/releases/2004/pr18/es/
- http://apagaelcigarro.foroactivo.com/t2878-categorias-de-exfumadores#29885
- http://www.psiquiatria.com/pnl/dejar-de-fumar-con-pnl/
- http://www.fisterra.com/salud/1infoConse/guiaPractTabacoPR.asp

TEST DE MOTIVACIÓN PARA DEJAR DE FUMAR –RICHMOND

Richmond RL, Kehoe LA, Webster IW. Multivariate models for predicting abstention following intervention to stop smoking by general practitioners. Addiction. 1993; 88: 1127-1135.

- http://www.hvn.es/enfermeria/ficheros/test_de_motivaci_n_para_dejar_de_fumar.pdf

Datos de contacto

Mail:

- maribelgomezp@hotmail.com

Facebook:

- https://www.facebook.com/dejadefumarfacilmente/
- https://www.facebook.com/clinicadepnlymetododelconteo/notifications/
- https://www.facebook.com/dejardefumaresfacilisimo/

Web:

- www.dejardefumaresfacilisimo.com

Twitter:

- https://twitter.com/Dejadefumar1

Blog:

- http://dejardefumarfacilisimo.blogspot.mx/2016/01/manual-para-dejar-de-fumar-dejar-de.html